Dank

Den Anstoß zur Niederschrift dieser „5 Neuen Aspekte" gab Herr Prof. Dr. Herbert Weiermann, Traunstein. Ihm und Herrn Prof. Friedrich Kurrent, Wien danke ich herzlich für die Durchsicht der Manuskripte und die damit verbundenen Korrekturen und Anregungen.

Dank sagen möchte ich auch meinen Mitarbeiterinnen Frau Dipl.-Ing. Barbara Wilnhammer für die Aufmaße vor Ort und die damit verbundenen schönen Skizzen und Planzeichnungen, sowie Frau Dipl.-Ing. Birgit Rümmelein für die Textbearbeitung.

Besonders bedanken möchte ich mich bei meiner Frau, Stefania Peter für das Lektorat und bei meinem Sohn Anton Peter für die Fotobearbeitungen.

Versäumen möchte ich nicht, abschließend noch meine Partner vor Ort an der seit 1997 mit unterschiedlicher Intensität laufenden Baustelle St. Michael zu erwähnen, nämlich Herrn Josef Fusseder, den Kirchenpfleger, Herrn Helmut Strauß, den Baubeauftragten der Pfarrei, sowie die beiden Architektenkollegen vom Erzbischöflichen Referat Bauwesen, Herrn Dipl.-Ing. Peter Kerle (bis 2009) und Frau Dipl.-Ing. Ursula Gonsior (seit 2010). Herzlichen Dank für die jahrelange gute Zusammenarbeit!

© MünchenVerlag, München 2010

Lioba Betten

Buchgestaltung: Franz Peter und Hermann Plabst
Gesamtherstellung: Offsetdruck Hermann Plabst
ISBN 978-3-937090-51-1

www.muenchenverlag.de

FRANZ PETER

SANKT MICHAEL
IN BERG AM LAIM

5 NEUE ASPEKTE
ZUR ARCHITEKTUR
DES KIRCHENBAUS
VON J. M. FISCHER

MünchenVerlag

Inhalt

Vorwort

Sankt Michael in Berg am Laim zählt zu den hervorragenden Kirchenbauten des Süddeutschen Barock. Dies ist der harmonischen Zusammenarbeit von drei führenden Künstlern des 18. Jahrhunderts zu verdanken, nämlich: Johann Michael Fischer, dem Architekten, Johann Baptist Zimmermann, dem Maler und Stuckator und Johann Baptist Straub, dem Bildhauer.

Seinem besonderen Rang entsprechend hat Sankt Michael die angemessene Beachtung in der kunstwissenschaftlichen Literatur gefunden, von der stichwortartigen Erwähnung in allen einschlägigen Enzyklopädien bis hin zur umfassenden Werkmonographie. Trotzdem ist noch nicht alles ausgelotet und aufgeschrieben.

Diese „5 Neuen Aspekte" sollen eine Ergänzung bilden zu Themen, die bisher gar nicht oder nur kursorisch behandelt wurden. Entstanden sind diese Studien in Folge meiner Architektentätigkeit für St. Michael. Seit 1997 betreue ich hier im Auftrag der Pfarrei und des Referates Bauwesen im Erzbischöflichen Ordinariat München und Freising sämtliche Sanierungs-, Restaurierungs-, Um- und Ausbauarbeiten. Bei meinen Baustellenterminen, die wohl inzwischen auf eine vierstellige Zahl angewachsen sind, habe ich das Bauwerk in allen seinen Teilen gründlich kennen gelernt. Dabei haben sich manche Fragen gestellt, deren Beantwortung nun in den vorliegenden „5 Neuen Aspekten" versucht wird.

Das behandelte Spektrum reicht von der Architekturgeschichte bis hin zu Gegenwart und Zukunft, vom Städtebau bis zum Detail. Im Mittelpunkt steht der Architekt Johann Michael Fischer, der mich schon seit meiner Studentenzeit interessiert. Die anhaltende Auseinandersetzung mit seinem Werk hatte bereits vor meiner Tätigkeit für Sankt Michael in mehreren Publikationen und einer Ausstellung ihren Niederschlag gefunden. In der Fortsetzung dieser Arbeiten sollen nun diese „5 Neuen Aspekte" einige weitere Ergänzungen zum Gesamtbild von Fischers Schaffen beitragen.

Ecking, im Oktober 2010
Franz Peter

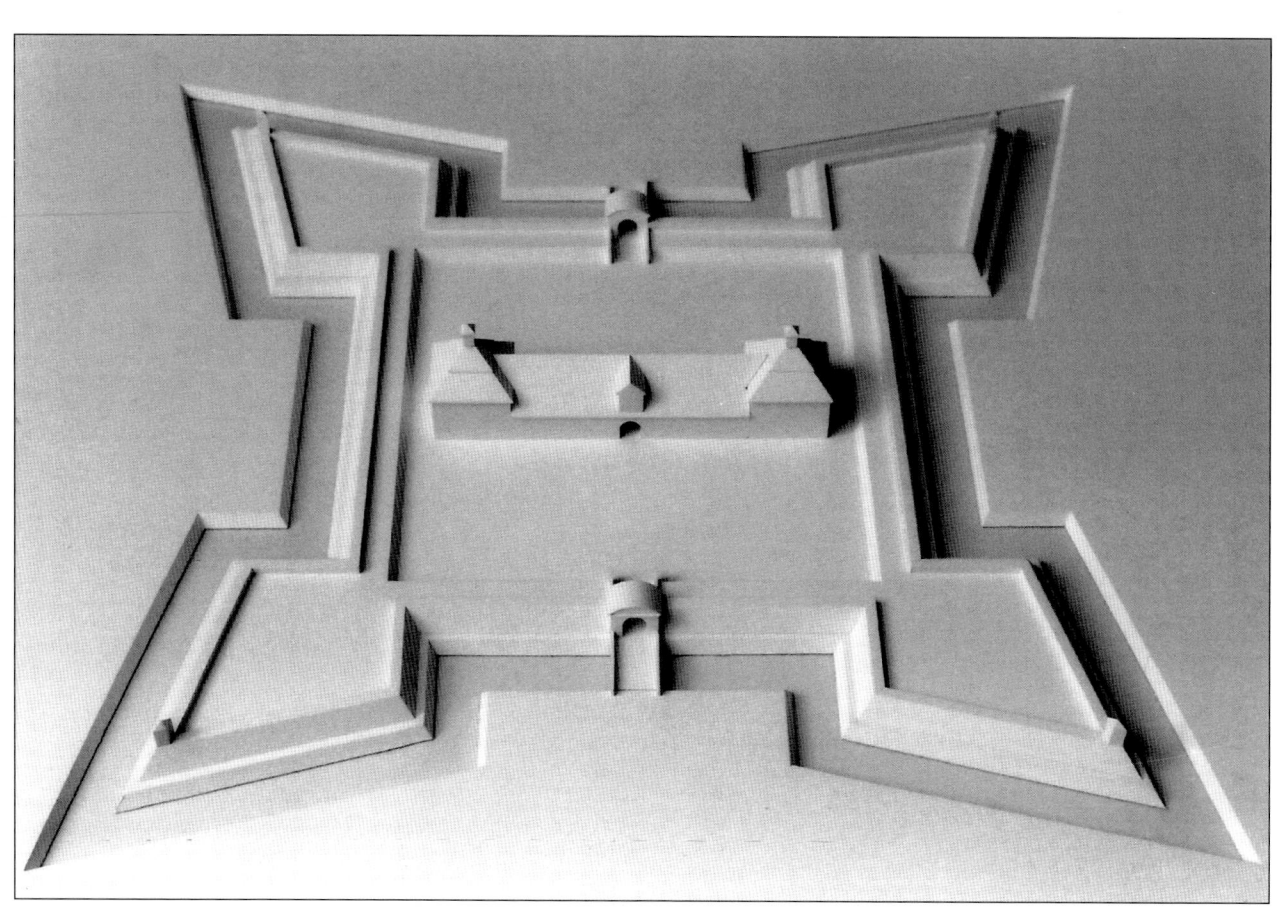

Das Idealprojekt

„Der erste Wunsch des Eigentümers und die erste Sorge des Architekten ist es, einen Garten anzulegen, noch ehe er mit den Gebäuden beginnt" schrieb der französische Architekt François Blondel in seinem 1771 erschienenen „Cours d'Architecture"[1]. Er kennzeichnet damit die für den barocken Bauherrn untrennbare Einheit von Schloss und Umfeld. Auch für den Kölner Churfürsten Joseph Clemens und seinen Architekten Enrico Zuccali war es eine Selbstverständlichkeit, bei der Planung der Josephsburg nicht nur an die Gebäude zu denken, sondern diese auch in eine angemessene Gesamtanlage einzubinden.

Um die Josephsburg aus ihrer amorphen Umgebung herauszuheben, wählte Joseph Clemens bewusst einen Festungsbau „mit allen aussenwerken und Fortificationen"[2], wie er etwa als Prototyp in Daniel Speckles Traktat „Architectura von Vestungen" abgedruckt worden war[3]. Im Ernstfall wäre diese churkölnische „Minifestung" mitten im bayerischen „Feindesland" nicht einen einzigen Tag lang zu verteidigen gewesen. Sie hatte aber in doppelter Hinsicht Symbolcharakter: zum Einen als Manifest wehrhafter Eigenständigkeit des geistlichen Churfürsten, zum Anderen als signifikantes Bollwerk des streitbaren Erzengels Michael[4]. Darüber hinaus erfreute sich eine „Fortifikation" auch als Rahmen für einen „Lustgarten" im 17. Jahrhundert großer Beliebtheit. Dies ist zum Beispiel nachzuschlagen in Joseph Furttenbachs Publikation „Architectura rocreationis"[5].

Das von Joseph Clemens vorgegebene und von Enrico Zucalli umgesetzte Konzept der Josephsburg ist im Hintergrund des Kupferstichs „Schloß Berg am Laimb" von Michael Wening aus dem Jahr 1701 unter der Bezeichnung „St. Michaelis Kirch" abgebildet[6]. Die spielzeugartige Darstellung aus der Vogelperspektive legt die Vermutung nahe, dass sich Wening ein Architekturmodell zur Vorlage genommen hat. Tatsächlich ist die Existenz eines solchen Modells auch von Zucalli selbst bezeugt[7]. Hat Wening also vielleicht nur ein Idealprojekt abgebildet, das so nie zur Ausführung gelangte?

[1] Marie Luise Gothein, Geschichte der Gartenkunst, Bd. 2, 4. Auflage München 1997, S. 224.
[2] Christl Knauer-Nothaft, Erich Kasberger, Berg am Laim, München 2007, S. 83.
Die Beiträge des Buches enthalten auch alle wichtigen Angaben zur Josephsburg und zu St. Michael sowie deren Bauherrn Joseph Clemens und Clemens August.
[3] Daniel Speckle, Architectur von Vestungen, wie die zu unseren zeiten mögen erbawen werden, Straßburg 1589, weitere Ausgaben 1608, 1705 und 1736.
[4] Als ideelles Vorbild wäre in diesem Zusammenhang auch an die Römische Engelsburg zu denken, die nach den ab 1406 ausgeführten Umbauten des ursprünglichen Hadrian-Grabmals den Päpsten als befestigte Fluchtburg diente. Vielleicht ist es kein Zufall, dass die Rekonstruktion der Wallanlagen (ohne Bastionen) der Josephsburg nach dem Wening-Stich ein Quadrat von 84 x 84 m ergab, das maßlich genau dem Unterbau der Engelsburg entspricht.
[5-7] s. S. 10

Abb. S. 8:
Josephsburg von Westen
Rekonstruktion im Modell

9

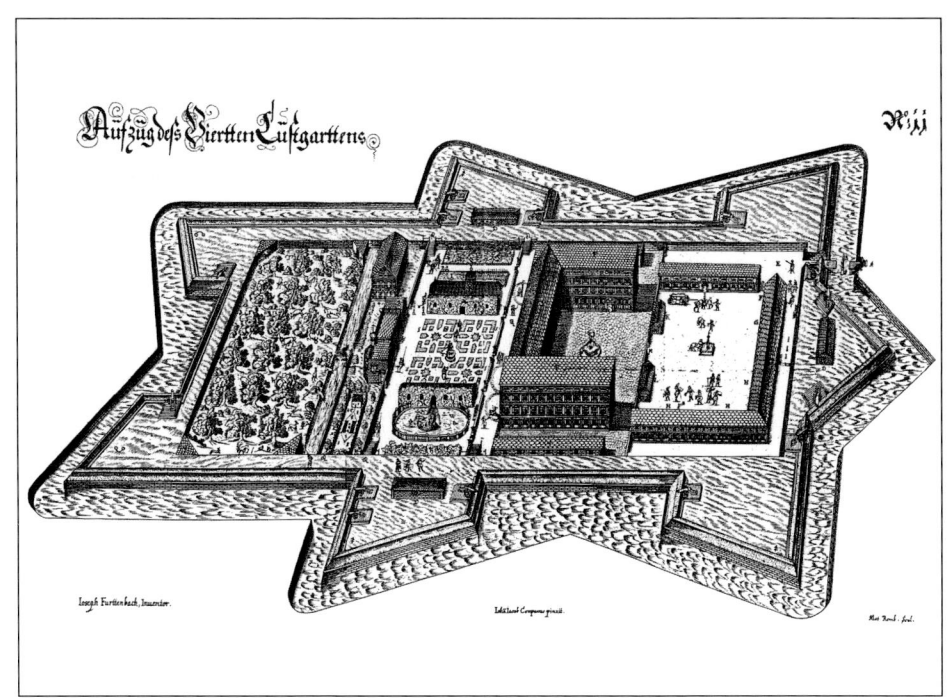

[5] Joseph Furttenbach, Architectura recreationis, Augsburg 1640, S. 21-42.
Neben den veröffentlichten Idealentwürfen Furttenbachs mögen auch gebaute Anlagen als Vorbilder gedient haben. Christl Knauer-Nothaft verweist in diesem Zusammenhang mit Recht auf Wasserschlösser in den rheinischen Bistümern von Joseph Clemens. Christl Knauer-Nothaft, Erich Kasberger, Berg am Laim, München 1987, S. 29.
[6] Michael Wening, Historico-Topographica descriptio, 1. Teil, München 1701.
[7] Knauer-Nothaft, Kasberger, 2007, S. 83.
[8] siehe Anmerkung 6.
[9] Stich von Th. Sondermayr, 1735,
Stich von F. S. Schaur, 1740,
Stich von F. X. Jungwirth, 1741.
(Abb. S. 33, S. 34, S. 35)

Abb. S. 10:
„Aufzug des Viertten Lustgartens" aus J. Furttenbach, Architectura Recreationis

So war es nicht. Sowohl die Josephsburg als auch die sie umgebenden Festungsanlagen existierten in der dargestellten Form, wie aus mehreren Dokumenten zweifelsfrei hervorgeht. Schon Wening selbst schildert die Josephsburg im Begleittext zu seinem Kupferstich folgender Maßen: „nachmals auch von dem jetzt regierenden Herrn höchst gedacht Ihre Churfürstliche Durchlaucht zu Cölln / Anno 1693 … ein schöne Schanz / die Josephsburg genannt / und darein St. Michaels Capellen … erbauet worden"[8]. Die Seitentrakte der Josephsburg tauchen auch Jahrzehnte später in allen drei uns vorliegenden Stichen zum Neubau von St. Michael in fast identischer Form wieder auf[9]. Die Existenz des zur „schönen Schanz" gehörigen Wassergrabens belegt ein schriftliches Dokument, dem zu Folge „Ihro Churfürstliche Durchlaucht zu Cölln in eigener Person nach Perlach geritten und dem Wasserer alldort befohlen, das Bachwasser unhinderlich durchzulassen". Es handelt sich hierbei um den Hachinger Bach, der zur Flutung des

[10] Knauer-Nothaft, Kasberger, 2007, S. 83.

[11] Knauer-Nothaft, Kasberger, 2007, S. 91.

[12] Erst um 1770 wurden die Befestigungsanlagen geschleift. Christl Knauer-Nothaft wertet die Dokumente folgendermaßen aus: „Die von Joseph Clemens um die Josephsburg angelegten Schanzen und Gräben … mussten in wochenlanger Arbeit von Tagwerkern eingeebnet werden. Nach der Abtragung von riesigen Schutt- und Steinmengen schaffte, wie der Hofmarksrichter notierte, der Wirt Michael Huber einen Monat lang mit zwei Hengsten und drei Wägen gute Erde heran. Ein Jahr nach Beendigung der Arbeiten betrug die Ernte auf dem Hofanger sieben Fuhren Heu, sieben Fuhren Grummet, eine Fuhre Haiden und 16 Fuhren Haber". Knauer-Nothaft, Kasberger 2007, S. 116.

Abb. S. 11:
Josephsburg, Michael Wening, Kupferstich „Perg am Laimb", Ausschnitt

bei Wening dargestellten Wassergrabens „nunmehr wirklich bis Perg geleitet und allda eingeführt worden…"[10]. Des Weiteren hat Joseph Clemens in einer schriftlichen Anweisung für das Micheli-Fest 1694 einzelne Bauteile für den Prozessionsweg und zur Lesung der Evangelien benannt, nämlich: das „Gartenthor", das „Münchner Thor", die „Prücke" und die „St. Maria Neue(n) Bastei"[11].

Auch im Jahr 1735, als Johann Michael Fischer mit der Planung für eine neue Michaelskirche begann, bestanden noch die Wälle, Bastionen und Wassergräben[12]. Diese Rahmenbedingungen liefern die einzige plausible Begründung dafür, warum für den Kirchenneubau der erst gut 40 Jahre alte Mitteltrakt der Josephsburg abgerissen werden musste: Es bestand keine Möglichkeit, eine große Kirche vor, hinter oder neben dem Schloss zu errichten, weil im Geviert der Wälle kein Platz dafür war.

[13] Spanische Klosterresidenz, errichtet 1571–1585, Architekt Juan de Herrera.

Abb. S. 12:
Josephsburg,
Rekonstruktion im Modell
1 „Münchner Thor"
2 „Gartenthor"
3 Vorplatz
4 Gartenanlage
5 Wallanlagen
6 Wassergraben
7 Basteien

Die bisher nicht erkannte und daher in der Literatur völlig vernachlässigte Tatsache, dass St. Michael innerhalb einer Festung entstand, eröffnet neue Aspekte zur Typologie und zur Baugeschichte. Durch die „Implantierung" der großen Kirche in die Mitte der Josephsburg wandelte sich das „Schloss mit eingebauter Kapelle" zur „Kirche mit Seitentrakten". So ergibt sich ein ideeller Nachfolger des „Escorial"[13] oder, durch die Festungsanlage, ein, wenn auch bescheidener, Ver-

[14] Idealprojekt für Göttweig um 1720, veröffentlicht u.a. in Stichwerken von Salomon Kleiner 1744, nur bruchstückhaft zur Ausführung gelangt; Idealprojekt für Klosterneuburg um 1730, veröffentlicht im Stich von Joseph Knapp, 1774, ebenfalls nur in Teilen ausgeführt
[15] siehe Anmerkung 9.

Abb. S. 13:
Josephsburg mit St. Michael
Rekonstruktion im Modell
1 Querachse mit Versprung im Bereich der Kirche
2 durchlaufende Firstlinie
3 Vorplatz
4 Gartenanlagen

wandter der Planungen von Lucas von Hildebrandt für Stift Göttweig und Felice Donato d´Allio für die geplante Klosterresidenz in Klosterneuburg.[14]

Wie diese beiden Beispiele sollte auch St. Michael auf dem „Präsentierteller" von Festungsanlagen stehen und nach allen Seiten seine Fernwirkung entfalten. Der im Sondermayer-Stich[15] von 1735 veröffentlichte

Erstentwurf, der zwar durch eine Nachbearbeitung entstellt ist, aber wohl im Kern auf Fischer zurückgeht, berücksichtigt dies. Kirche und Schloss bilden eine plastische Baugruppe mit durchlaufender Querachse. Denkt man sich den sicher erst nachträglich dem Entwurf hinzugefügten klobigen Turm weg, so dürfte die Baugestalt zwar nicht im Detail, aber in der Gesamtwirkung Fischers ersten Intentionen nahe kommen[16]. Bei aller Dominanz der Kirche bildet diese mit dem Schloss zusammen noch eine nach allen Seiten wirkende Einheit. Die Akzente verschieben sich dann mit der Anfügung des Westbaus, vermutlich durch Philipp Jakob Köglsperger 1737[17]. Die Kirche wird zum dominierenden Bauteil, und die der Stadt zugewandte Westseite zur bevorzugten Schaufassade. Für den Westbau musste die einheitliche Querachse aufgegeben werden. Er erforderte eine Verschiebung der ganzen Kirche nach Osten, da sonst der Vorplatz innerhalb der Wälle zu knapp geworden wäre.

Mit diesen schon zum Teil ins Bauliche umgesetzten Änderungen musste Fischer dann 1739 seine Tätigkeit wieder aufnehmen. Um unter diesen Bedingungen die kompakte Einheit des Baukörpers der Kirche auch in der Seiten- und Rückansicht zu wahren, ließ er sich für die Dachlandschaft eine selbstverständlich wirkende, in Wahrheit aber einzigartige Lösung einfallen. Das Hauptdach über dem Zentralraum folgt nämlich nicht dessen im Grundriss oktogonaler Außenform, sondern bildet ein Prisma über einem imaginären Sechseck. Dadurch gelingt es Fischer, sämtliche Dächer vom Altarraum bis zum Fassadengiebel mit einer einzigen, bewegt durchlaufenden Firstlinie zusammenzufassen. Dies kommt besonders der Fernwirkung von Nord und Süd zu Gute.

Wie schon eingangs erwähnt, bildeten Schloss und Garten in der Barockarchitektur eine untrennbare Einheit. Die Bezeichnung „Gartenthor"[18] für das Osttor der Festung gibt den konkreten Hinweis, dass im Gegensatz zum wohl befestigten Platz im Westen der Gebäude, im Osten von diesen ein Garten angelegt war. Dies gilt schon für das Schloss von Joseph Clemens und ebenso für den späteren Kirchenbau unter

[16] Fischer hat diesen Bautypus in seinem Entwurf für ein Lazarett in München 1744/45 nochmals aufgegriffen, siehe dazu Dischinger, Lehmbruch in Gabriele Dischinger, Franz Peter: Johann Michael Fischer, Band 1, Tübingen 1995, S. 273-289. Abbildungen auch in Franz Peter, Franz Wimmer: Johann Michael Fischer, Salzburg, 2002, S. 109.
[17] siehe Studie „der Westbau".
[18] siehe Anmerkung 11.

Clemens August. Beide Kölner Churfürsten waren begeisterte Anhänger der französischen Gartenkunst und beschäftigten für ihre rheinländischen Schlösser die besten Gartenarchitekten ihrer Zeit. Clemens August stiftete sogar eine „confrèrie des fleuristes"[19]. So muss man annehmen, dass es auch in der Berg am Laimer Anlage einen kleinen französischen Garten von erlesener Qualität gegeben hat. Leider ist keine Spur davon geblieben.

An Hand der uns noch zugänglichen Quellen wurde hier versucht, ein Bild vom Idealprojekt von Zucallis Josephsburg mit Fischers Einfügung der Michaelskirche zu entwerfen und im Architekturmodell zu veranschaulichen [20]. Nun bleibt noch die Frage: Wie nahe ist die Ausführung dem Ideal jemals gekommen?

Die Baugeschichte gibt uns darüber Auskunft[21]. 1737 hatte Philipp Jakob Köglsperger mit den Abbrucharbeiten am Mitteltrakt der Josephsburg und dem Aushub für den Neubau begonnen. 1738 war die Grundsteinlegung, ab 1739 übernahm Fischer als leitender Architekt die Baustelle. 1749/50 standen die Türme im Rohbau, aber erst 1758 wurde mit dem Verputz der Türme der Außenbau ganz fertig. Drei Jahre später, 1761, verstarb Clemens August. Nach seinem Tod war sein Bruder Johann Theodor zwei Jahre lang der letzte geistliche Inhaber der Hofmark. Ihm folgte bereits 1763 der bayerische Kurfürst Max III. Joseph. Dies bedeutete das Ende des „exterritorialen" Sonderstatus und bezeichnete zugleich den Beginn von Verfall und Rückbau der ehemals Churkölnischen Bauwerke. Um 1770 erfolgte der Abbruch der „um die Josephsburg angelegten Schanzen und Gräben", was zur Zerstörung des Gesamtbildes führte.

Der Idealzustand, wenn er überhaupt jemals vollständig erreicht wurde, dauerte also höchstens ein Jahrzehnt. Hätte es gelingen können, diesen Idealzustand in unsere Tage herüber zu retten, so stünde in Berg am Laim nicht nur eine wunderschöne Kirche, sondern ein Barock-Ensemble von europäischem Rang.

[19] Über die Gartenprojekte von Joseph Clemens und Clemens August siehe Gothein, 1997, S. 224-227.

[20] Als Grundlagen dienten mir: Wening, 1701, Furttenbach 1640 (Profile von Wällen und Graben, S. 92,93), Stiche, siehe Anm. 9.
Das bei der Rekonstruktion ermittelte Maß für das die Spitzen der Basteien verbindende, die Gesamtanlage umschreibende Quadrat beträgt 170x170 m, das Geviert der Wälle ohne Bastionen 84x84 m (s. Anm. 4). Das Massenmodell im M 1:500 baute nach meiner Vorplanung Reinhold Fischer, München.

[21] Daten zur Baugeschichte aus Maria Hildebrandt, Stefan Nadler, Kath. Pfarrkirche St. Michael in Berg am Laim, Dokumentation zur Bau-, Ausstattungs- und Renovierungsgeschichte, München 2002. Erstellt im Auftrag des Baureferates des Ordinariates der Erzdiözese Müchen und Freising.

Abb. S. 16:
Josephsburg mit St. Michael Rekonstruktion im Modell von Westen

Abb. S. 17:
Josephsburg mit St. Michael Rekonstruktion im Modell von Süden

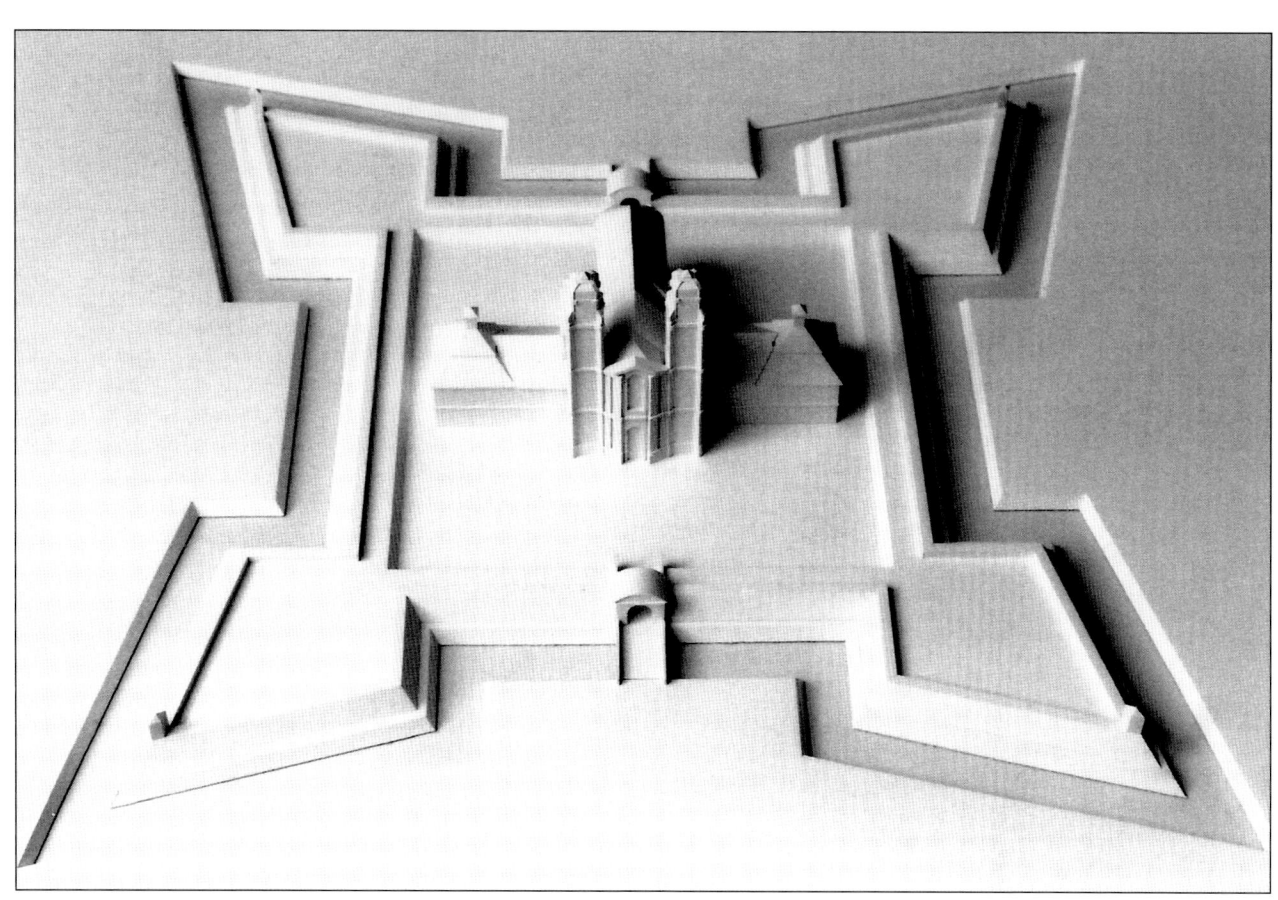

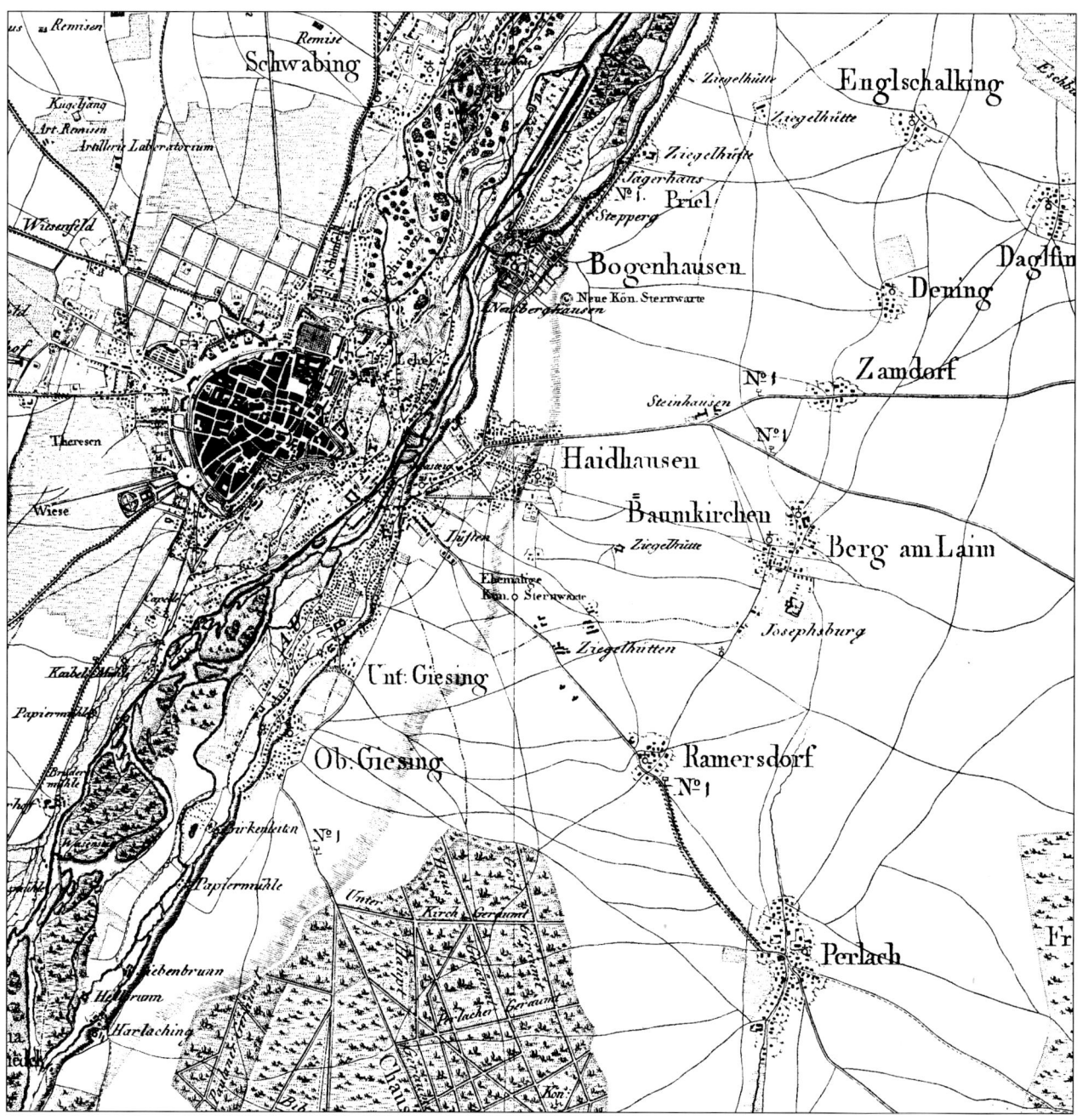

Schwabing

Remise

Remisen

Kugelfang

Art. Remisen

Artillerie Laboratorium

Wiesenfeld

Theresen

Wiese

Kabelfabrik

Papiermühle

Bruder mühle

Birkenleiten

Papiermühle

Siebenbrunn

Hellbrun

Harlaching

Ob. Giesing

Unt. Giesing

Unter Kirch Gergum

Perlacher Forst

Kon.

Lehel

Neue Kön. Sternwarte

Nordbergshausen

Ehemalige Kön. Sternwarte

Ziegelhütten

Ramersdorf
Nº 1

Perlach

Ziegelhütte

Ziegelhütte

Jägerhaus
Nº 1. Priel

Stepperg

Bogenhausen

Steinhausen

Nº 1

Nº 1

Haidhausen

Baumkirchen

Ziegelhütte

Josephsburg

Berg am Laim

Zamdorf

Dening

Englschalking

Daglfin

Fr

18

Die Umgebung

„In der St. Michaels-Hofkirche in Berg am Laim stimmt noch der ursprüngliche Akkord der Künste. Nur die Umgebung der Kirche ist verpatzt, brutal verändert, sie macht den Abstand bewusst, der uns von der Zeit des Barock trennt."[1]

Im Prinzip kann man dieser Feststellung Recht geben, man sollte aber einschränken, im Hinblick auf die Gegenwart, „es hätte schlimmer kommen können" und im Hinblick auf die Zukunft, „es könnte schlimmer kommen". Gegenwärtig besteht die Umgebung von St. Michael im Norden und Osten aus einem Konglomerat von im Lauf der Zeit eher zufällig zusammengefügten Baumassen, im Süden und Westen aus großen, in wesentlichen Teilen ungestalteten Grünflächen.

Schon um 1760 war die damals noch existierende Festung mit Josephsburg und Michaelskirche nicht in einen städtebaulichen oder landschaftsplanerischen Zusammenhang eingebunden, sondern ein Solitär in amorpher Umgebung. Die in der Literatur immer wieder erwähnte „Wegachse"[2], die von Westen her den Gasteig mit der Kirche angeblich hätte verbinden sollen, hat nie existiert. Mehr als ein Hirngespinst kann sie auch nicht gewesen sein. Zwischen München und Berg am Laim lagen die adeligen Landsitze, Streusiedlungen, Gruben und vorindustriellen Betriebe Haidhausens und anderer Gemarkungen.

Die Anlage einer ca. dreieinhalb Kilometer langen Wegachse[3] hätte schon in den Vorarbeiten einen abwegigen Aufwand erfordert. Eine derartige Schneise durch das Territorium des Bruders in der Münchner Residenz, der schon den Bau von St. Michael mit Argwohn verfolgte, konnte für Clemens August nicht einmal als Planungsansatz realistisch erscheinen.

Auf die Josephsburg führte, wie im Wening-Stich von 1701 dargestellt, ein gekurvter Weg vom Hofmarkschloss aus zu. Man betrat die Festung über

[1] Peter B. Steiner, St Michael in Berg am Laim, Schnell, Kunstführer Nr. 1408, 3.Aufl. Regensburg 2003, S. 18.
[2] am ausführlichsten bei Steiner (Anm.1), S. 8 oder Robert Stalla, Die kurkölnische Bruderschafts, Ritterordens- und Hofkirche St. Michael in Berg am Laim, Weißenhorn 1989, S. 45ff.
[3] Zum Vergleich: Auffahrtsalleen zum Nymphenburger Schloss ca. eineinhalb Kilometer lang, Ludwigstraße (19.Jh.) ca. einen Kilometer lang.

Abb. S. 18:
München und seine Vororte östlich der Isar,
sog. „Urkataster" von 1812, Ausschnitt

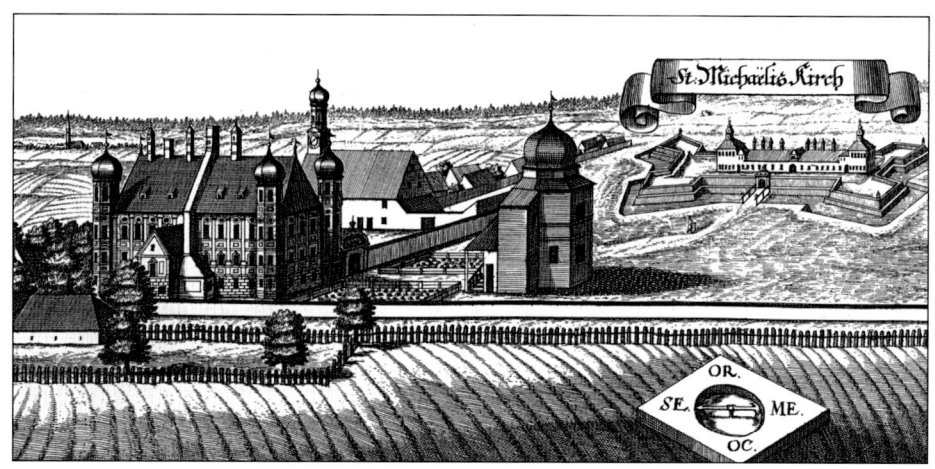

eine Brücke und das „Münchner Thor", beide axial dem Hauptportal vorgelagert. Das „Gartenthor"[4] im Osten führte auf die Felder hinaus, ein Weg ist bei Wening nicht eingezeichnet, es bestand aber sicher ein Anschluss an die in Nord- Süd- Richtung verlaufende Verbindung von Baumkirchen nach Perlach. Direkte Zugänge zur Josephsburg von Norden oder Süden gab es nicht.

Erst nach Schleifung der Wälle und Verfüllung der Gräben um 1770 änderte sich die Wegeführung. Der westliche Zuweg wurde aufgegeben, die Haupterschließung verlagerte sich nach Norden, direkt ausgerichtet auf die Ansiedlungen von Berg am Laim und Baumkirchen, deren Pfarrkirche St. Michael 1806 wurde.[5] Seit damals ist dieser seitliche Zuweg zur Kirche der gleiche geblieben, heute als Clemens-August-Straße benannt.

An Bauten bestanden in nächster Umgebung von St. Michael zunächst nur die beiden Seitentrakte der Josephsburg. Ihre ursprünglich anspruchsvolle Gestaltung ist durch Zu- und Umbauten im 19. und 20. Jahrhundert zu völliger architektonischer Bedeutungslosigkeit herabgesunken. Zur heute belanglosen Fassadengestaltung kommt hinzu, dass der Südflügel um drei Fensterachsen verlängert wurde und so die ursprüngliche Symmetrie aus dem Gleichgewicht geraten ist.

[4] Zu den Begriffen „Münchner Thor" und „Gartenthor" s. die Studie „ Das Idealprojekt" Anm. 11.

[5] Zunächst existierte noch ein für den allgemeinen Gebrauch verbotener Schleichweg von Westen her über den Schlossanger, Knauer-Nothaft, Kasberger, 2007, S. 116.

Abb. S. 20:
Berg am Laim, im Vordergrund das Hofmarksschloss mit Gartenpavillon, im Hintergrund die Josephsburg („St. Michaelis Kirch") von Westen,
Kupferstich von Michael Wening, Ausschnitt

Nach dem Einzug des Ordens der Barmherzigen Schwestern in die ehemalige Josephsburg 1840 entstanden im 19. und 20. Jahrhundert weitere Klostergebäude im unmittelbaren nördlichen und südlichen Umfeld der Kirche. Sie existieren heute alle nicht mehr. Die letzten von ihnen wurden 1977 abgebrochen, um Platz für den großen Neubau eines Altenheims der Barmherzigen Schwestern zu schaffen, der heute als U-förmiger Gebäudekomplex im Norden, Osten und Süden um die Kirche gruppiert ist. Zusammen mit dieser und den alten Seitentrakten umschließt er eine große Hofanlage. Typologisch knüpft der Neubau von Franz Kießling an die Klosteranlagen der Barockzeit an, ein Bezug, der sowohl städtebaulich als auch von der Nutzung mit der Mischung von Wohnzellen und Gemeinschaftseinrichtungen bestens begründet ist. Wegen der kompromisslosen, der Moderne in der Ausprägung der 1970er Jahre verpflichteten Architektursprache wurde der Bau vielfach scharf kritisiert, ungeachtet der Architekturpreise, die ihm zuerkannt wurden. Auch heute, nach über 30 Jahren, stellt die graue Metallfassade noch einen herausfordernden Gegensatz zur Kirche und ihren Seitentrakten dar, aber gerade aus dem zeitlichen Abstand zeigen sich auch die bleibenden Qualitäten der städtebaulichen Lösung und der sorgfältigen Detailplanung.

Abb. S. 21:
Josephsburg mit St. Michael inmitten der Festungsanlage, Rekonstruktion im Modell von Westen auf Augenhöhe

Im weiteren Umgriff nördlich und später auch östlich und südlich von St. Michael ist Berg am Laim im 19. und 20. Jahrhundert um ein Vielfaches gewachsen. Aus verstreuten Siedlungen entwickelte sich erst eine Vorstadt, dann ein Stadtteil. Entlang der alten Straßen und Wege standen zunächst Bauernhöfe, Söldnerhäuser und Handwerkerhöfe, dann Ziegeleien und andere Gewerbebetriebe. Später kamen Mietshäuser im Gründerzeitstil hinzu. Die ehedem lockere Bebauung verdichtete sich zu Zeilen und Blöcken. Dies geschah weitgehend ohne übergeordnete Planung. So entstand ein „Patchwork", wie es heute noch in einigen Straßenzügen spürbar ist. Die vorausschauende Stadtplanung der Haupt- und Residenzstadt München um 1900, die bis in die 1970er-Jahre für die Münchner Stadtentwicklung bindend blieb, bezog das damals noch selbständige Berg am Laim nicht mit ein.[6] Der große Städtebauer Theodor Fischer und sein „Bureau für Stadtgestaltung" hätten sich sonst sicher Gedanken über eine harmonische Einbindung von St. Michael in den wachsenden Stadtteil gemacht, wie sie dies auch für andere wichtige Münchner Kirchenbauten taten. Für Berg am Laim unterblieben leider derartige Überlegungen. 1918 wird lediglich davon be-

[6] Eingemeindung nach München erst 1932.

Abb. S. 22 :
St. Michael von Südosten, im Vordergrund das Altenheim der Barmherzigen Schwestern

richtet, dass in der Nähe von St. Michael ein „großer Grünplatz", ein Ostpark angelegt werden soll[7]. 1938 gab es eine Planung für einen äußeren Auto-bahnring durch Berg am Laim und ein HJ-Heim – ausgeführt wurde eine Muster-Klein- und Erwerbsgarten-Siedlung am Echardinger Grünstreifen, die die Entwicklungsmöglichkeit einer Straßenverbindung von St. Michael nach Westen abschneidet.[8] Weniger tangiert ist die unmittelbare Umgebung von St. Michael von der Errichtung der „Maikäfersiedlung" 1936-1939 im Süden. Der Stadtteil wuchs und veränderte sich, aber das nähere Umfeld von St. Michael blieb davon weitgehend unberührt.

Nach dem Zweiten Weltkrieg verdichtete sich die Siedlungsstruktur wei-ter. Einen brutalen Eingriff in das gewachsene Gefüge des Stadtteils be-deutet die Neuanlage der Berg-am-Laim- und Kreillerstraße ab 1961. Sie zerschneiden das Viertel als Ausfallstraßen von beinahe konkurrenzloser Hässlichkeit. Gott sei Dank ist St. Michael auch davon nicht unmittelbar betroffen. So viel zur gegenwärtigen Bebauung von Berg an Laim nördlich, östlich und südlich von St. Michael.

[7] A. Blößner, 25 Jahre Münch-ner Stadterweiterung 1893-1918, München, o. J.
[8] H. P. Rasp: Eine Stadt für tau-send Jahre, München o. J., S. 204.
[9] Knauer-Nothaft, Kasberger, 2007, S. 241.

Abb. S. 23:
St. Michael von Süden

[10] Knauer-Nothaft, Kasberger, 2007, S. 116

[11] Plan v. Adrian v. Riedl, Knauer- Nothaft, Kasberger, 2007, S. 120.

[12] Plan des Ortsgerichts Berg am Laim von 1814, StAM RA 19300/3, Knauer-Nothaft, Kasberger, 2007, S. 132.

Abb. S. 24:
St. Michael von Westen, Grünzug mit Wildwuchs an der Echardinger Straße

Der Grünzug im Westen geht noch auf das 18. Jahrhundert zurück. Nach Schleifung der Festung waren zunächst neue Felder zur landwirtschaftlichen Nutzung angelegt worden.[10] Schon in der Kartierung von 1786[11] findet sich ein „Schlossanger". Im „Plan des Ortsgerichts Berg am Laim von 1814" ist das Vorfeld der Kirche bereits durch eine rahmende Baumpflanzung einge-fasst.[12] Sie besteht in veränderter Form bis heute und war ein erster Schritt in die falsche Richtung, weil sie die von den Erbauern gewünschte Fern-wirkung der Kirche und der Josephsburg an der wichtigsten, nach Mün-chen ausgerichteten Seite beschneidet und das Vorfeld bis heute in zwei getrennte Felder teilt, nämlich den unmittelbaren Kirchenvorplatz und die Fläche westlich davon bis zur Echardinger Straße.

Im aktuellen Flächennutzungsplan der Landeshauptstadt München sind beide Teile als Grünflächen ausgewiesen. Aber natürlich hat die einmalige, etwas paradoxe, aber auch reizvolle Situation, dass eine große Barockkirche im Gemenge einer Großstadt abgelegen und schwer auffindbar ihr Dasein fristet, schon zu verschiedenen städtebaulichen Planungen geführt, umso mehr, als in München, der am dichtesten bebauten und am beständigsten weiter wachsenden deutschen Großstadt, der Siedlungsdruck immer stärker wird.

Zwei Planungsansätze seien hier herausgegriffen. Aus dem Jahr 2001 stammt ein Vorschlag der Stadtplanung, der von der Echardinger Straße eine schräge Straßenachse auf die Michaelskirche zuführt, die mit einem kleinen Rondell an der schon oben erwähnten Baumpflanzung endet. Die Straße ist von einer geschlossenen Blockbebauung gesäumt. Die Planung hat den grundsätzlichen Fehler, dass ihre Ausführung die Fernwirkung von St. Michael weiter beeinträchtigen würde, einmal durch die geschlossene Bauweise, zum Anderen durch die nur verkehrstechnisch motivierte, aber gestalterisch völlig verfehlte schräge Zuführung auf St. Michael. Die Sichtachse des Straßenraums nimmt nämlich keinen Bezug zur Mitte der Kirchenfassade auf, sondern zielt an ihr vorbei.

Wesentlich interessanter als diese städtische Planung sind die Ergebnisse von Studentenentwürfen, die 2005 am Lehrstuhl für Städtebau und Regionalplanung der TU München, Frau Univ. Prof. Sophie Wolfrum, ausgearbeitet wurden. Sie zeigen eine erstaunliche Bandbreite von guten Lösungen, die eine fruchtbare Basis für weitere Planungen darstellen könnten.[13] Das Programm für die Neugestaltung des Vorfeldes von St. Michael war weitgehend freigestellt und, das sei kritisch angemerkt, einige Bearbeiter haben zwar Konzepte entwickelt, die im Lageplan und im Massenmodell überzeugend aussehen, aber der E i n z i g a r t i g k e i t d e r S i t u a t i o n u m S t. M i c h a e l nicht Rechnung tragen.

Wer die Kirche in ein Wohnquartier einbaut, sie mit sozialen oder administrativen Einrichtungen umstellt, verspielt die einmalige gestalte-

[13] Entwurfsergebnisse zusammengefasst in: Urban body: Entwürfe zu Berg am Laim, München 2005.

rische Chance, die sich hier bietet, weil für diese Funktionen die Anforderungen an soziale Einrichtungen, Verkehr, Freiflächen, Orientierung, Energiebewirtschaftung usw. so komplex sind, dass auch den besten Architekten unter diesen Voraussetzungen keine angemessene baukünstlerische Lösung gelingen kann. R i c h t i g   f ü r   d a s   u n m i t t e l b a r e   V o r f e l d   v o n   S t .   M i c h a e l   i s t ,   w e n n   e s   d e n n   b e b a u t   w e r d e n   s o l l ,   e i n z i g   u n d   a l l e i n   e i n e   U m g e b u n g   m i t   k u l t u r e l l e n   E i n r i c h t u n g e n .

„Eine Utopie", werden die so genannten Realisten sagen. Aber warum eigentlich? Sowohl der Freistaat Bayern, der Bezirk Oberbayern, die Landeshauptstadt München als auch die Erzdiözese München und Freising werden auch in Zukunft kulturelle Einrichtungen begründen, auslagern, erweitern oder aufteilen, deren Wirkungskreis über den Stadtbezirk oder die Pfarrei hinausreichen. Hier wäre genau der richtige Platz dafür – das einzig adäquate Ambiente für St. Michael und ein Gewinn für das ganze Stadtviertel.

Die Qualität einer künftigen Bebauung entscheidet sich jedenfalls nicht erst in der konkreten Bauplanung, sondern bereits zuvor in der Auswahl und Festlegung der richtigen Nutzungen.

Wie die Chance dieser einzigartigen Situation genützt werden könnte, und wie sie andererseits verspielt werden kann, soll an einem Wiener Vergleichsbeispiel verdeutlicht werden, nämlich der barocken Karlskirche und ihrer Umgebung. Von Johann Bernhard Fischer von Erlach entworfen, entstand der großartige Kirchenbau von 1716 bis 1723 außerhalb der Wiener Stadtbefestigung. Die städtebauliche Situation ist insofern St. Michael vergleichbar, auch wenn die Karlskirche viel näher an der Altstadt liegt und deshalb bereits viel früher, nämlich nach der Beseitigung der Befestigungsanlagen im 19. Jahrhundert von der wachsenden Großstadt vereinnahmt wurde. 1904 veröffentlichte Otto Wagner, der große Wiener Architekt und Städteplaner, seine Gedanken und Entwürfe zur städtebaulichen Gestaltung um die

Karlskirche.[14] Vorangestellt sind fünf Postulate, von denen drei, auch noch nach über hundert Jahren, für St. Michael bedenkenswert sind, nämlich:

- „Die Kirche mit ihrer reichen, bewegten und auf Fernwirkung berechneten Silhouette verträgt neben sich nur die ruhige Fläche und eine kaum unterbrochene obere Abschlusslinie der angrenzenden Objekte."

- Die baukünstlerischen Motive der Kirche (…) sind (…) völlig zu meiden, da die Wirkung der Kirche nur durch kontrastierende Formen gehoben werden kann."

- „Es ist der „Macht des gewohnten Bildes", in diesem Fall dem (…) freien Ausblicke auf die Karlskirche völlig Rechnung zu tragen."

[14] Otto Wagner, Einige Skizzen, Projekte und ausgeführte Bauten, Tübingen 1987, Nachdruck.

Abb. S. 27:
Otto Wagner, Projekt für den Karlsplatz in Wien, 1904

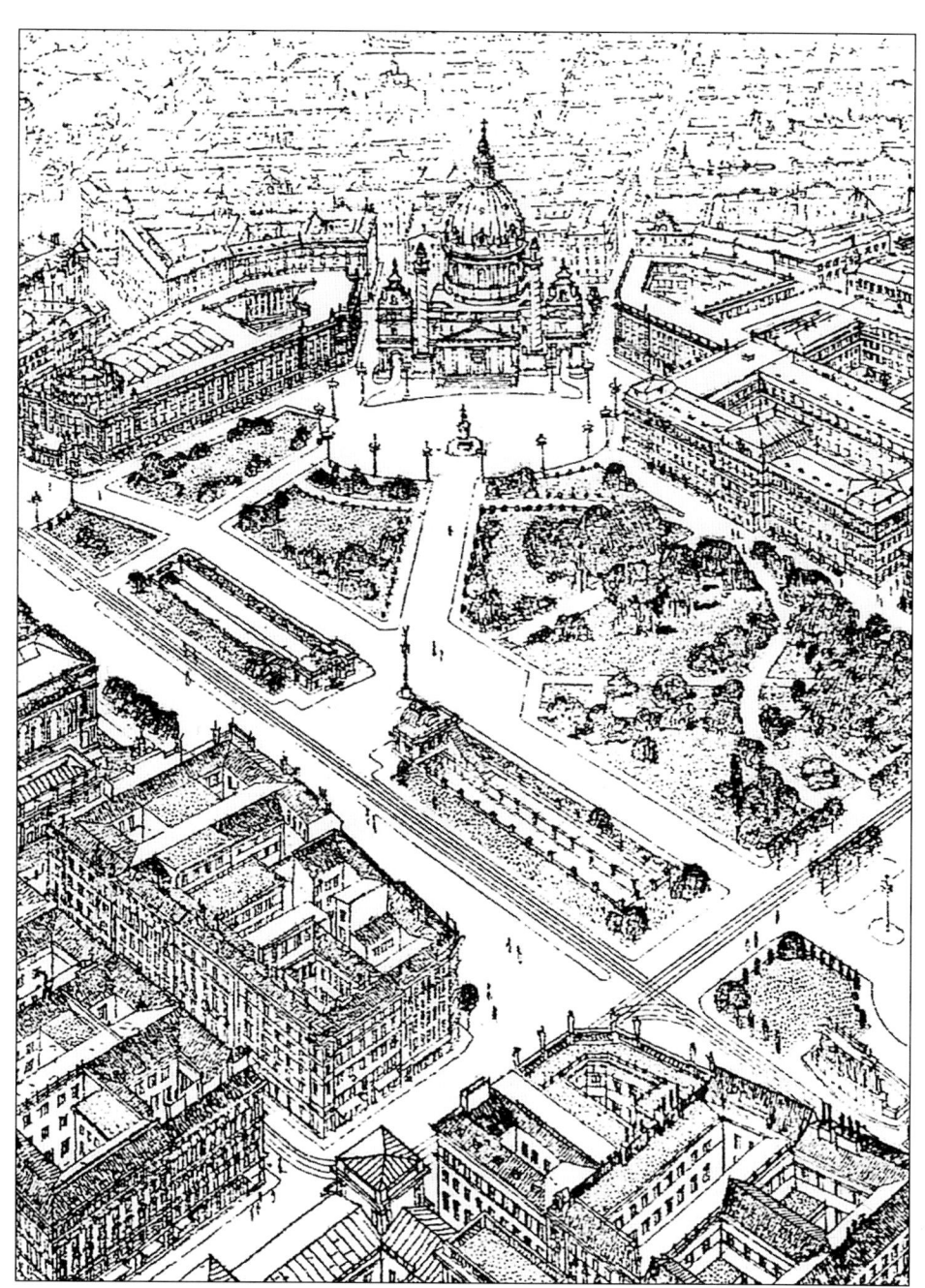

Abb. S. 28:
Otto Wagner, Projekt für den
Karlsplatz in Wien, 1904

Seinen Postulaten gemäß lehnte Wagner die bereits geplante Errichtung von Mietshäusern und weiteren Bauten für die benachbarte Technische Hochschule in unmittelbarer Umgebung der Karlskirche ab. Stattdessen schlug er eine kulturelle Nutzung, nämlich ein Museum vor. In zahlreichen Zeichnungen von der Skizze bis zur ausgearbeiteten Vogelperspektive belegt er die Richtigkeit seiner Überlegungen. Wäre es nach ihm gegangen, besäße die Karlskirche heute die ihr angemessene Umgebung. Leider blieben seine inspirierten Planungen Papier.[15]

Die heutige Situation ist völlig unbefriedigend. Der Anfang zur Misere wurde gemacht mit einem Verwaltungsbau nördlich im Anschluss an die Kirche in den 1970er Jahren. Der Bau an sich ist weder gut noch schlecht, aber seiner Zweckbestimmung als Bürogebäude gemäß stellt sich mit der Rasterung der Fassade eben nicht die von Wagner geforderte „ruhige Fläche" ein.[16] Unruhig und amorph ist auch die ganze heutige Platzgestaltung. Weder ist der Raum durch eine begrenzende Bebauung gefasst, noch gibt es eine auf die Kirche bezogene Wegeführung. Im Gegenteil, das an dieser Stelle völlig unmotiviert der Kirche vorgelagerte ovale Wasserbecken verhindert den direkten Weg auf das Hauptportal zu. Ein Übriges tut die gärtnerische Gestaltung: Weder die willkürlich gepflanzten Koniferengruppen noch die derzeit in hölzernen Trögen aufgestellten Palmen haben vor der Karlskirche etwas zu suchen.

Im Vergleich zur Wiener Karlskirche ist St. Michael mit seinen weitgehend ungestalteten Grünflächen im Vorfeld bisher noch gut weggekommen. Falls eines Tages hier eine Bebauung ansteht, sollten sich die Planer Otto Wagners Postulate zu Herzen nehmen und als erste Voraussetzung zum Gelingen einer baukünstlerischen Gestaltung die richtige, nämlich eine k u l t u r e l l e N u t z u n g auswählen und festlegen.

[15] Auch nach Otto Wagner gab es noch mehrere interessante Planungsansätze zur Gestaltung der Umgebung der Karlskirche, so z.B. von der „Arbeitsgruppe 4" im Wettbewerb von 1953. Hier ist ebenfalls im Zusammenhang mit dem geplanten Stadtmuseum eine Verkehrsberuhigung im Vorfeld der Kirche angestrebt.

[16] In seiner Biographie über Johann Bernhard Fischer von Erlach schreibt Hans Sedlmayr: „Dass nach generationen-langen Debatten um die Gestaltung des Karlsplatzes an das kirchliche Hauptwerk Fischers ein Neubau von der gewollten Leblosigkeit eines Magazins angebaut werden durfte, ist unentschuldbar. Undenkbar ist es, dass Ähnliches dem Invalidendom in Paris, dem Hauptwerk von Fischers Zeitgenossen Hardouin-Mansart, oder Londons St. Pauls-Kathedrale widerfahren könnte." Hans Sedlmayr, Johann Fischer von Erlach 2.Aufl., Wien 1976, S. 286.

Der Westbau

Der Westbau von St. Michael nimmt in mehrfacher Hinsicht eine Sonderstellung ein.

Im Werk von Johann Michael Fischer ist St. Michael unter den 32 Kirchen, die sein Grabstein erwähnt, eine von nur dreien, die eine Doppelturmfassade besitzen. St. Michael ist die früheste von ihnen, später folgen noch Fürstenzell und Ottobeuren. Während bei den letzteren die Doppelturmfassade längsgerichteten Raumanlagen vorangestellt ist, verbindet sie sich in St. Michael mit einem Zentralraum. Gerade diesem Umstand verdankt St. Michael auch eine Sonderstellung in der zeitgenössischen Architekturgeschichte. Der Kirchenbau der Barock- und Spätbarockarchitektur hat hunderte von Doppelturmfassaden hervorgebracht. Die Verbindung der Doppelturmfassade mit einem Zentralraum bleibt dabei die seltene Ausnahme - aus gutem Grund: Ein Zentralraum entsteht über einem auf seine eigene Mitte bezogenen Grundriss (z. B. in Form von Quadrat, Achteck, Kreis oder Oval). Ein solcher lässt sich nur schwer mit einer breit gelagerten Doppelturmfassade verbinden. Dies sieht man deutlich an der Wiener Karlskirche[1]. Fassadenanlagen und Zentralbau stehen fast isoliert hintereinander und haben außer einer „Andockung" am mittigen Haupteingang nichts gemeinsam. Als gestalterisch und technisch heikel erweisen sich hier, wie in allen ähnlichen Fällen, die beidseitig der „Andockung" entstehenden Zwickel, die meist mehr oder weniger glücklich mit Nebentrakten aufgefüllt werden, wie etwa bei der Wiener Piaristenkirche[2] oder auch bei St. Michael.

In diesem sperrigen Hintereinander von Doppelturmfassade und Zentralraum bilden in der Regel die Turmuntergeschosse im Innenraum in sich abgekapselte Einheiten. Dies ist in St. Michael entschieden anders, und es gibt keine vergleichbare Kirche, für die die Turmuntergeschosse als integrierte Bestandteile der Vorhalle und somit des Kirchenraums eine ähnliche Bedeutung gewinnen. Hinzu kommt, dass

[1] Johann Bernhard Fischer von Erlach, 1716-1739.
[2] Lucas v. Hildebrandt, 1698-1753.
Die harmonischsten Lösungen für die Übergänge zwischen Zentralräumen und Doppelturmfassaden fand Kilian Ignaz Dientzenhofer bei seinen Kirchenbauten St. Johann am Felsen in Prag (1729-1739) und in Kladno (1751-1753), indem er durch Schrägstellung der Türme die spitzwinkeligen Zwickel an den Übergängen vermied.

Abb. S. 31:
St. Michael,
Westbau, 2010

[3] Noch prägnanter wäre „Westwerk". Diese Bezeichnung verwendeten wir jahrelang während der Renovierungsarbeiten an der Baustelle. Allerdings bezeichnet „Westwerk" in der Baugeschichte als Typus den „Westabschluss mancher karolingischer, ottonischer oder romanischer Kirchen" mit breitem Mittelturm und ganz spezifischen Raumanlagen im Inneren. S. dazu z.B. Pevsner, Flemming, Honour, Lexikon der Weltarchitektur, München 1971, S. 622.

[4] Maria Hildebrandt, Stefan Nadler, Kath. Pfarrkirche St. Michael in München-Berg am Laim, Dokumentation zur Bau-, Ausstattungs- und Restaurierungsgeschichte, März 2002, Erstellt im Auftrag des Baureferates des Ordinariats der Erzdiözese München und Freising.
Alle Angaben im folgenden Text, deren Quellen nicht gesondert bezeichnet sind, stammen aus o.g. Dokumentation.

Abb. S. 32:
St. Michael,
Grundriss,
1 Altarraum
2 Bruderschaftsraum
3 Gemeinderaum
4 nördl. und südl. Querhaus
5 Westbau (schraffiert)

die Doppelturmfassade als Baukörper selbstständig vor die seitlich anschließenden Trakte der Josephsburg vortritt. So ist es die einzigartige Verbindung der sich nach außen abzeichnenden Eigenständigkeit und der inneren Raumverschmelzung mit dem Kirchenraum, die die Bezeichnung „Fassade" als zu wenig aussagekräftig erscheinen lässt. Deshalb wurde hier der Begriff „Westbau" gewählt.[3]

2002 haben Maria Hildebrandt und Stefan Nadler unter Auswertung aller verfügbaren Quellen einen Überblick über die Bau- und Restaurierungsgeschichte von St. Michael zusammengestellt, der an inhaltlicher Fülle und Aussagekraft wohl nicht mehr übertroffen werden kann.[4] Diese Daten bilden neben den drei erhaltenen Kupferstichen aus der Planungs- und Bauzeit die Grundlage für die folgende Studie.

Projekt I (Kupferstich von Simon Thaddäus Sondermayr 1735) zeigt noch keinen Westbau und ist hier nur insoweit von Belang, als es im Grundriss bereits eine Zentralraumanlage zeigt, wie sie später, wenn auch in veränderter Form, auch gebaut wurde. Projekt II (Kupferstich von F. S. Schaur 1738/39) und Projekt III (Kupferstich von F. X. Jungwirth 1741) zeigen zwei Varianten des damals geplanten und in der Folge realisierten Westbaus. Für beide ist zunächst die Frage nach der Aussagekraft der Stiche zu stellen. Sind die darin enthaltenen Angaben nur vage, weil die Kupferstecher keine genauen Vorlagen hatten oder handelt es sich um einigermaßen präzise Umsetzungen von Architektenzeichnungen?

Zur Klärung dieser Frage sollen vorab für beide Stiche die Methoden ihrer perspektivischen Darstellung untersucht werden.

Abb. S. 33:
St. Michael, Projekt I, Westansicht, Kupferstich von S. T. Sondermayr, Ausschnitt

33

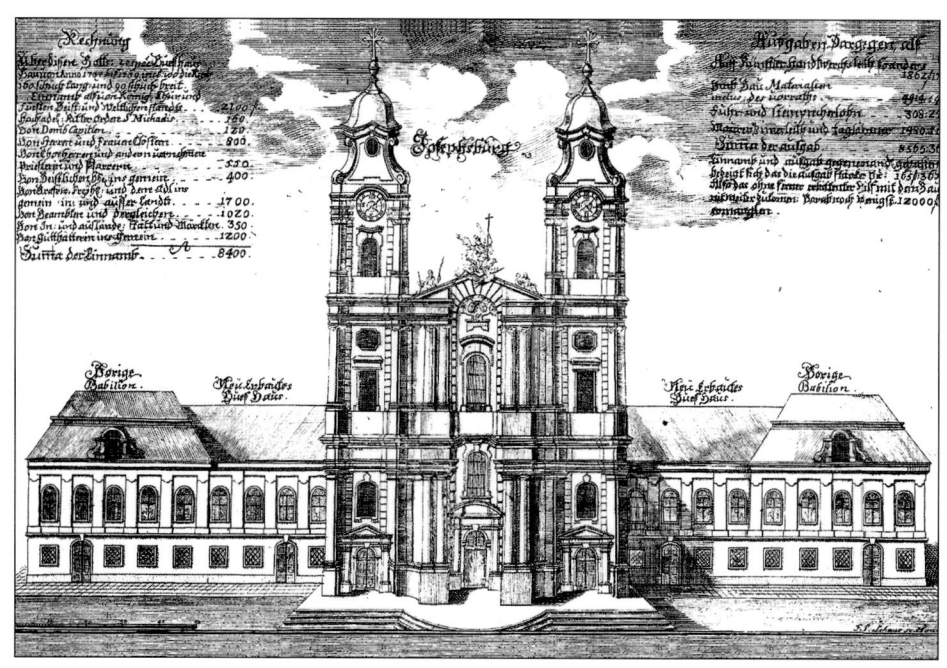

Bei Projekt II handelt es sich um eine Zentralperspektive, bei Projekt III um eine Eckperspektive. Die Konstruktionsmethoden für beide Darstellungsarten waren seit der Renaissance bekannt.[5] Sie sind kompliziert und erfordern hohen Aufwand. Deshalb war es üblich, vereinfachende Verfahren anzuwenden, die zu schnelleren, aber auch verfälschenden Ergebnissen führten. So auch hier.

Projekt II suggeriert einen zentralen Blick auf Kirche und Josephsburg von einem erhöhten Standort aus. Die Kirchenfront tritt gegenüber den Seitenflügeln vor, unterstrichen durch einen imaginären Schlagschatten (Nordsonne!), den von oben gesehen vorgezogenen Treppensockel und das fluchtende Traufpflaster vor den Seitentrakten. Sieht man von diesen wenigen perspektivischen Kunstgriffen ab, so handelt es sich in allen anderen Teilen um eine einfache Reproduktion einer zu Grunde liegenden orthogonalen Architektenzeichnung.

[5] Erstmals genau beschrieben durch Leon Battista Alberti (1404-1472) in seinem Werk „De pittura" (1435); in Deutschland erstmals durch Albrecht Dürer (1471-1528) in „Unterweisung in der Messung".

Abb. S. 34:
St. Michael, Projekt II,
Kupferstich von F. S. Schaur,
1739/40

Projekt III versucht mit bescheidensten Mitteln den Eindruck einer Eckperspektive zu erwecken. Entsprechend plump ist das Ergebnis ausgefallen. Der wichtigste Teil, nämlich die Westfassade der Kirche, ist auch hier einfach orthogonal dargestellt. Sämtliche Rundungen, Vor- und Rücksprünge fallen dabei unter den Tisch. Der Eindruck der in der Zeichnung fehlenden räumlichen Tiefe wird bei der Fassade nur durch angedeutete Schlagschatten erweckt. „Perspektivisch" dargestellt sind der Treppensockel und die Nordseiten der Kirche und des nördlichen Pavillons der Josephsburg. Diese Partien sind aber nicht konstruiert, sondern frei angetragen und entsprechend verzeichnet. Auch in der vergröberten Darstellung vieler Details, wie etwa der Öffnungen, hat sich der Kupferstecher Freiheiten genommen. Davon abgesehen kann man aber aus der Abbildung folgern, dass zumindest für die Kirchenfassade auch hier eine Architektenzeichnung als Vorlage diente.

Abb. S. 35:
St. Michael, Projekt III,
Kupferstich von F. X. Jungwirth,
1741

Abb. S. 36:
St, Michael, Projekt II,
Westbau
Fotobearbeitung aus dem Kup-
ferstich von F. S. Schaur

36

Abb. S. 37:
St. Michael, Projekt III,
Westbau
Fotobearbeitung aus dem Kup-
ferstich von F. X. Jungwirth

Rekonstruiert man nun aus den beiden Kupferstichen die ihnen zu Grund gelegten Fassadenansichten und bringt diese auf einen einheitlichen Maßstab, so kann man feststellen, dass sie in ihren Hauptmaßen fast deckungsgleich übereinstimmen. In der direkten Gegenüberstellung lassen sich deshalb beide Projekte gut vergleichen.

Projekt II wirkt auf den ersten Blick elegant, Projekt III schwerfällig. Der erste Eindruck ist vor allem der zeichnerischen Darstellung geschuldet und relativiert sich bei genauerem Hinsehen.

Projekt II zeigt nämlich in vielfacher Hinsicht eklatante Schwächen. Das beginnt beim strukturellen Aufbau der Fassade. Der Mittelteil ist recht konventionell horizontal in zwei Geschosse unterteilt und durch aufeinander gestellte Doppelsäulen hervorgehoben. Das ist ein Motiv, das sich schon mehr als 100 Jahre zuvor im Italienischen Barock findet.[6] Ähnlich antiquiert sind die den Portalen vorangestellten Aediculen[7]. Die ganze Fassade ist von zahlreichen Öffnungen verschiedenster Zuschnitte und Größen geradezu perforiert. Wie um die schon dadurch entstehende Unruhe noch zu steigern, sind alle Säulen und Pilaster noch durch Steinschnitte in der Putzstruktur hinterlegt, die die verbleibenden Flächen aufzehren und einen „horror vacui" des Entwerfers verraten.

Auf die Gegebenheiten des hinter der Fassade liegenden Kirchenraums wird in Projekt II keine Rücksicht genommen. So sind die dargestellten Mittelfenster ebenso wenig baubar, wie die Rundbogenfenster über den Nebenportalen, weil sie von den Geschoßdecken der Vorhalle beziehungsweise der Orgelempore durchschnitten werden. Der flache Giebel hat nichts mit dem dahinter liegenden steileren Dach zu tun, das aus guten Gründen hier nicht dargestellt ist.

Noch das Beste am Entwurf sind die schwungvollen Turmhauben, deren Vorbilder in Österreich zu finden sind.[8] Alles in allem: Projekt II tritt mit höchstem Anspruch an, kann aber auf keiner Ebene die geweckten Erwartungen erfüllen.

[6] z. B. San Andrea della Valle, Rom, ab 1591, von della Porta und Grimaldi; als direktes Vorbild für St. Michael führt Robert Stalla den Entwurf für die Turiner Porta del Po von Guarino Guarini an. Robert Stalla, St. Michael in Berg am Laim, Weißenhorn 1987, S. 58f.

[7] Aedicula: Umrahmung einer Maueröffnung oder Nische mit einem Säulen- oder Pfeilerpaar, das einen Giebel trägt.

[8] Nächste Vergleichsbeispiele: Stadl-Paura, Dürnstein, evtl. auch die Wiener Karlskirche; darüber hinaus gibt es auch im Münchner Raum zwei Vorgänger, nämlich die Hofkirche St. Kajetan (Theatinerkirche) und, fast zeitgleich zu St. Michael, Münchens schönsten und zugleich unbekanntesten Barockturm, den der Herzogsspitalkirche (J. B. Gunetzrhainer, 1727).

Dies tritt besonders klar hervor, wenn man es mit der 1731-1741 entstandenen Fassade Johann Michael Fischers in Dießen vergleicht oder seinem
zeitgleich zu Projekt II entstandenen Entwurf zu Aufhausen. Beide zeigen
eine über gekurvtem Grundriss aufgebaute Kolossalordnung[9], klar grup-
pierte große Öffnungen, ruhige Flächen und einen geschwungenen Schau-
giebel, hinter dem sich das Kirchendach verbirgt. Im Prinzip genauso gestaltet ist auch Fischers spätere, von Doppeltürmen flankierte Fassade von
Fürstenzell (1739-1744). Wie Fischer mit dem Motiv der Doppelsäule umzu-
gehen weiß, zeigt wenige Jahre später seine kraftvolle Fassadengestaltung
von Zwiefalten (1741-1750). Angesichts dieser Vergleichsbeispiele steht fest:
Von Fischer kann Projekt II nicht stammen.

Ähnlich verhält es sich mit Projekt III. Hier handelt es sich bei der dem Kupferstich zu Grunde gelegten Fassadenzeichnung um eine vereinfachende und zur
Baureife entwickelte Überarbeitung von Projekt II. Die Grunddisposition ist dabei
beibehalten, einzelne Fehler und Schwächen sind korrigiert. Entscheidend sind
die Veränderungen im Mittelteil. Hier ist der Giebel erhöht und die unbaubaren
Fenster sind verschwunden. Im Obergeschoß ist an die Stelle des Fensters eine
monumentale Figurennische getreten. An den Turmuntergeschoßen werden die
Rundbogenfenster über den Nebenportalen durch kleine Rundfenster ersetzt.
Zudem sind sämtliche Steinschnitte weggelassen. Trotz der geschilderten Abän-
derungen bleibt auch Projekt III, selbst wenn man von den offensichtlichen Ver-
gröberungen im Kupferstich absieht, immer noch ein steifer und altertümlicher
Entwurf. Offensichtlich wurde trotzdem nach Projekt III gebaut   zunächst.

Die 1758 fertiggestellte Fassade, wie wir sie heute noch kennen, sieht nämlich wieder anders aus. Von den 13 Öffnungen aus Projekt III sind nur sieben
übriggeblieben. Entfallen sind die Nebenportale in den Türmen, die Rundfenster darüber und die oberen Öffnungen der zweiten Turmgeschosse. An die
Stelle der perforierten Wände sind nun in den beiden unteren Turmgeschos-
sen große ruhige Flächen getreten. Stilistisch gesehen ist die Fassade durch
die Eliminierung der antiquierten Aedicula- und Triumphbogengebilde um die
Portale und die Figurennische sowie die Abflachung des sperrigen Giebels
und die Beruhigung der Flächen endlich im 18. Jahrhundert angekommen.

[9] Kollossalordnung: Säulenordnung, deren Säulen oder Pilaster über mehrere Stockwerke
reichen.

Abb. S. 40:
St. Michael,
Westbau mit Einzeichnung der
während der Bauzeit nach-
träglich zugesetzten bzw. ver-
kleinerten Öffnungen

Abb. S. 41:
St. Michael,
Westbau, Bestand 2010

Ganz entscheidend sind auch zwei Verbesserungen im Vergleich zu Projekt III: Zum einen in der Fassadenmitte, zum anderen an den Turmbekrönungen.

Die beiden nun hochgespannten gemuldeten Rundbogennischen im Unter- und Obergeschoß setzen neben den Türmen einen dritten vertikalen Akzent, der noch durch die Sprengung des Giebels verstärkt wird. Beide Türme werden durch die Einfügung eines kraftvollen geschweiften Gebälks über dem dritten Geschoß um mehr als zwei Meter erhöht. Neben dieser realen Streckung gibt es noch eine weitere, rein optische. Legt die Darstellungsart in Projekt II und III nämlich den Schluss nahe, dass die Turmbekrönungen hier von den Ansätzen der Voluten bis zu den Scheitelpunkten der Helme aus einem homogenen Material gedacht waren, sei es aus Naturstein (wie in Dürnstein), oder Kupferblech (wie in Stadl-Paura)[10], so sind sie jetzt im unteren Teil mit zurückgesetztem verputztem Mauerwerk ausgeführt (wie bei der Salzburger Kollegienkirche). Sie gehören also jetzt zum Turmschaft und nicht mehr zum Turmhelm. Dadurch werden sowohl die Vertikalen im Fassadenaufbau als auch die Fernwirkung ins Land hinaus verstärkt.

Alle geschilderten Verbesserungen der heutigen Fassade im Vergleich zu Projekt II und Projekt III sind nicht im Zug einer einzigen Tektur entstanden, son-

[10] Auch der Turmhelm von Fischers letzter Kirche in Altomünster (1763-1766) war ursprünglich von den Voluten bis zur Spitze in einem Material (Kupferblech?) geplant; s. die Darstellung im Deckengemälde über dem Zentralraum von Altomünster.

Abb. S. 42:
St. Michael,
Nordturm Innenseite,
Mauerkrone des nachträglich erhöhten geschweiften Gesimses

dern erst nach und nach während der Bauzeit. Davon erzählt das Mauerwerk im Inneren der Türme und im Dachraum. Sowohl die Nebenportale als auch die darüber liegenden Rundfenster waren zunächst ausgeführt worden wie auch in der Nord- und Südseite der Türme und wurden an der Westseite nachträglich zugesetzt.[11] Als Nischen sind sie in der Vorhalle beide noch heute erhalten.

Mit dem Wegfall der beiden Nebenportale verlor die Idee des durchlaufenden Treppensockels aus Projekt II und Projekt III ihren Sinn. Ausgeführt wurde nur eine geschwungene Stufenanlage vor dem Hauptportal. Bei einer Sondierungsgrabung 2003 konnten wir das Fundament dazu freilegen. Wir haben es aufgemessen und daraus die ursprüngliche Stufenanlage rekonstruiert.

Im Inneren der ersten Turmobergeschosse kann man entdecken, dass die rechteckigen Öffnungen allseitig ursprünglich größer angelegt waren und nachträglich verkleinert wurden. Eine Korrektur an der Baustelle muss auch beim Giebel erfolgt sein. Spuren im Dachwerk weisen darauf hin, dass er zuerst höher ausgeführt und erst dann abgeflacht worden ist. Um den Anschluss an den Dachfirst zu finden, musste das Dach des Zwischentraktes nachträglich abgewalmt werden. Die Summe aller dieser Veränderungen zeichnet ein lebendiges Bild der Entstehungsgeschichte des Westbaus.

[11] Bei der Putzsanierung der Vorhalle hier wurde das Mauerwerk freigelegt. Die vertikal durchgehenden Fugen bewei sen, dass die Öffnungen erst nachträglich zugemauert wurden. Die im Mauerwerk vorgefundenen Holzklötze waren als Befestigungspunkte der Türangeln vorgesehen.

Abb. S. 43:
St. Michael,
Dachwerk,
während der Bauzeit nachträglich abgeschnittenes und umgebautes Gespärre im Bereich des Fassadengiebels

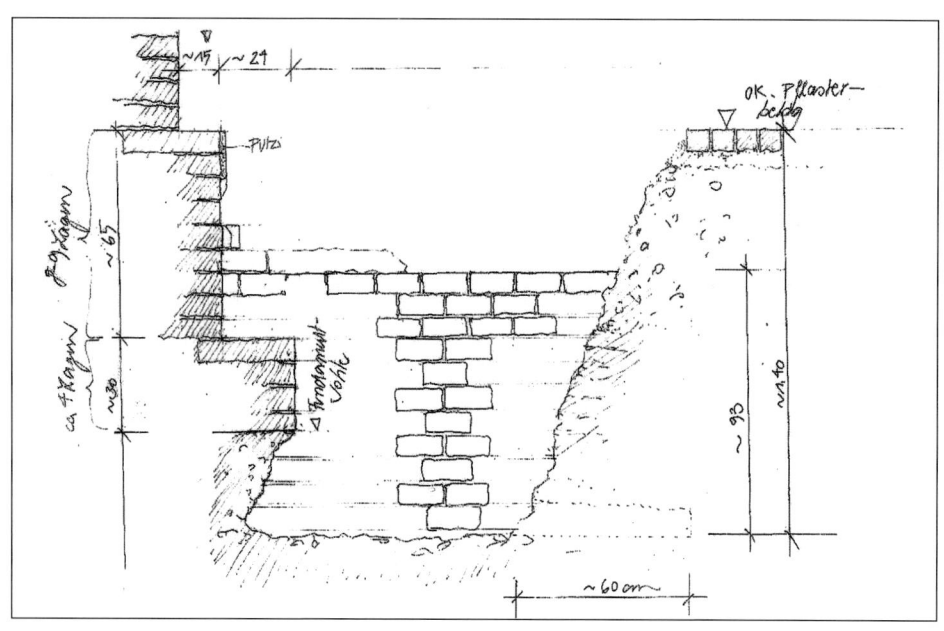

[12] Veit Loers nennt Köglsperger als Entwerfer der Doppelturmfassade und schreibt Fischer die nachträglichen Korrekturen zu. Veit Loers, Die Hofkirche St. Michael in Berg am Laim, in: Ars bavarica, 8 (1977), S. 67

Norbert Lieb, in: Norbert Lieb, Johann Michael Fischer, Regensburg 1989, 1982, S. 66 ff, nennt ebenfalls Köglsperger als Entwerfer und beruft sich bei der Begründung irrtümlich auf einen der sog. „Luzerner Pläne" (s. dazu F. Peter, Pläne für Berg am Laim?, in: Johann Michael Fischer, Architekt des Spätbarock, Altomünster 1999, S.111-117).

Robert Stalla, in: Robert Stalla, Die Kurkölnische Bruderschafts-, Ritterordens- und Hofkirche St. Michael in Berg am Laim, Weissenhorn 1989, beruft sich ebenfalls auf die „Luzerner Pläne". Er nimmt Fischer als ursprünglichen Entwerfer der Doppelturmfassade an, an der Köglsperger nachträglich Änderungen vornahm. Mit Recht erwähnt er, dass in Projekt II einige Motive mit Cuvillies in Zusammenhang gebracht werden können. Diesem aber deshalb den ganzen Entwurf zu Projekt II zuzuschreiben, ist wegen der hier beschriebenen eklatanten Schwächen nicht haltbar.
[13] Stalla, 1989, S. 24.

Abb. S. 44:
St. Michael, Sondierungsgrabung vor dem Hauptportal, Bauaufnahme des Stufensockels (Zeichnung: B. Wilnhammer)

Nach wie vor stellt sich die Frage: Wer hat den Westbau von St. Michael entworfen? Welchen Anteil haben Philipp Jakob Köglsperger, Johann Michael Fischer und eventuell auch François Cuvillies d. Ä. daran? Eine gesicherte Antwort konnte, trotz mehrfacher Versuche[12] bis heute nicht gegeben werden. Sie wird, wegen des Verlusts der einschlägigen Archivalien, auch in Zukunft nicht mehr möglich sein. Trotzdem soll hier eine weitere Annäherung versucht werden.

1735 datiert die Veröffentlichung von Projekt I. Fischer betonte später, dass er der Erste gewesen sei, der zum Neubau von St. Michael „alle geherige Riß verferdiget"[13] habe. Einmal aus diesem Grund, aber darüber hinaus auch wegen der Ähnlichkeit im Grundriss mit Fischers gleichzeitiger Augustinerkirche in Ingolstadt und in der Fassadenanlage mit seinem späteren Lazarettprojekt für München[14] ist es wahrscheinlich, dass dem Sondermayr-Stich ein Fischer-Entwurf zu Grunde lag, freilich schon in wesentlichen Teilen entstellend von anderer Hand abgeändert. Der schlimmste Faux pas dieser nachträglichen Veränderungen ist die Erhöhung des Turms in absolut

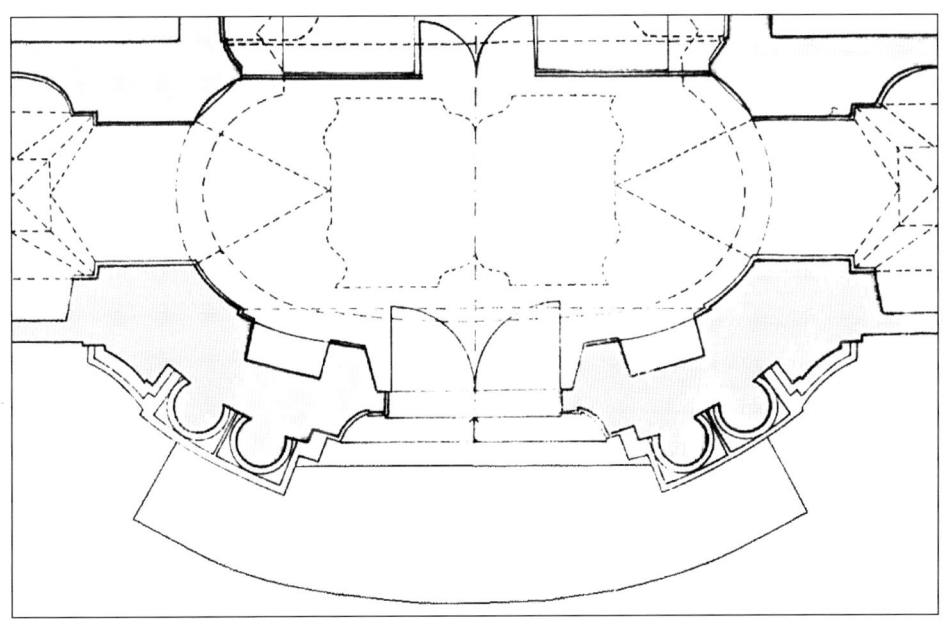

antiquierten Formen. Vielleicht lässt sich gerade aus dieser ungeschickten Änderung die Erklärung dafür ableiten, warum Fischer 1737 seinen Auftrag an Köglsperger verloren hatte: Sein Erstentwurf war dem Bauherrn und seinem Vertreter vor Ort, Franz v. P. Würnzl, zu wenig repräsentativ. Auch der erhöhte Turm sollte dann immer noch nicht genügen, es musste eine Doppelturmfassade sein, wie es in München und dem Umland bis dato nur zwei gab, nämlich die Frauenkirche und die Hofkirche St. Kajetan (Theatinerkirche). Es scheint so gewesen zu sein, dass dann Köglsperger mit dem Vorschlag für eine Doppelturmfassade zunächst reüssieren konnte. Das zwar schwache, aber imposante Projekt II hat bei der Bauherrschaft kurzfristig den Blick dafür getrübt, dass sie sich mit einem Hasardeur eingelassen hatte.[15] Doch auf der laufenden Baustelle konnte Köglsperger seine Schwächen nicht mehr kaschieren, er musste entlassen werden und Johann Michael Fischer wurde wieder eingesetzt. Allerdings scheint Köglspergers Fassadenentwurf nach wie vor in so hohem Ansehen gestanden zu haben, dass Fischer zunächst gezwungen war, ihn weiter umzusetzen.

[14] s. dazu F. Peter, Neun Rekonstruktionen, in Johann Michael Fischer, Bd. I, S. 161-163 und Gabriele Dischinger, Hans Lehmbruch, Projekte für ein Lazarett in München, in Johann Michael Fischer, 1995, Bd. I, S. 273-289.
[15] s. dazu die Biographie von Ph. J. Köglsperger in: Norbert Lieb, Münchener Barockbaumeister, München 1941, S. 106ff.

Abb. S. 45:
St. Michael,
Stufenanlage vor dem Hauptportal, Rekonstruktion

Die ersten, im Stich zu Projekt III festgehaltenen Korrekturen betreffen, wie beschrieben, hauptsächlich Punkte, die nach Projekt II nicht baubar gewesen wären. Die eingefügte Figurennische und der erhöhte Giebel sind aber so plump, dass Fischer als Urheber nicht in Frage kommt. In ihrer Antiquiertheit ergeben sich auffällige Parallelen zu der in Projekt I festgehaltenen Turmerhöhung. Die Vermutung liegt nahe, dass in beiden Fällen ein und derselbe eingegriffen hat, nämlich der Bau-Verwalter des Churfürsten vor Ort, Franz v. Paula Würnzl. Er hatte den Neubau von St. Michael von Anfang an „eigenmächtig" und als „privat undternehmung"[16] betrieben und den Bau bis zum Ende als seine ureigene Angelegenheit betrachtet – insgesamt gewiss nicht zum Nachteil von St. Michael. Als Sohn eines Wasserburger Maurermeisters fühlte er sich auch „vom Fach" und hatte wohl Grundkenntnisse im Lesen und Zeichnen von Plänen. Er wird es gewesen sein, der Fischers und Köglspergers Pläne seiner Meinung nach „verbesserte" und seine Umzeichnungen den Stechern als Vorlagen lieferte. Verräterisch ist seine Aussage 1735 vor dem Bruderschafts- Magistrat, er habe einen „unwissent von wem gemachten Riß" in Kupfer stechen lassen. Gerade er muss ja doch gewusst haben, vom wem er die einschlägigen Pläne erhalten hatte. So muss man seine Aussage wohl dahin gehend deuten, dass er seine nachträgliche Mitwirkung verschleiern wollte.

Fischer musste, als er 1737 die angefangene Baustelle des Westbaus übernahm, also zunächst die Vorgaben von Köglsperger und Würnzl übernehmen, an denen ihm vieles gar nicht gefallen haben dürfte. Zug um Zug gelang es ihm aber mit dem Baufortschritt, die gröbsten Fehler auszumerzen. Er konnte zwar trotzdem nicht das Niveau seiner besten Fassaden erreichen, aber den Westbau so weit retten, dass er zum angemessenen Bestandteil von St. Michael und zur signifikanten, unverwechselbaren Landmarke werden konnte. Das ist er heute immer noch, wenn sich auch im Umfeld inzwischen manches nicht gerade zum Besten entwickelt hat.

Einige von den konstruktiven und gestalterischen Änderungen, die der Westbau inzwischen über sich ergehen lassen musste, verdankt er seiner exponierten Lage auf dem „Berg am Laim". Von Anfang an erwies er sich als extrem anfällig für die Einflüsse der Witterung. Schon 1761 sind Unwetterschäden am Portal,

[16] Die Zitate stammen aus den Sitzungsprotokollen der Michaelsbruderschaft, abgedruckt bei Hildebrandt, Nadler, 2002, S. 28.

46

der Michaelsfigur und einer Turmeindeckung dokumentiert. 1793 musste Straubs verrottete Michaelsgruppe in der Fassade durch eine neue von Johann Muxel ersetzt werden. In der Folge fielen ständig hohe Kosten für Bauunterhalt und Reparaturen an. Mehrfach wurde versucht, durch konstruktive Maßnahmen an Dächern und Mauern das Bauwerk zu stabilisieren. Die technischen Nachbesserungen hatten teilweise auch gestalterische Veränderungen zur Folge. So wurden ab 1832 die Putzflächen mit anderen Materialien und Strukturen erneuert, ab 1838 die Dächer, die ursprünglich alle, auch auf den Turmhelmen, aus Holzschindeln bestanden, mit Ziegeln und Blech eingedeckt. Mit diesen Maßnahmen erreichte man einzelne Verbesserungen – nachhaltige Erfolge konnte man offensichtlich nicht erzielen. Lässt man historische Fotos, beginnend mit der zweiten Hälfte des 19. Jahrhunderts, Revue passieren, so entsteht durchgängig der Eindruck von Bauschäden, Verlusten und provisorischen Schutzmaßnahmen. Jede Generation bemühte sich nach Kräften aufs Neue. Dabei wurden gutgläubig die jeweils modernsten Technologien eingesetzt – was sich im Nachhinein oft als Fehler erwies. So suchte man Anfang des 20. Jahrhunderts der sich immer wieder im unteren Bereich der Fassade abzeichnenden Feuchtigkeitsflecken Herr zu werden, indem man den alten Ziegelsockel abschlug und einen Betonsockel vorblendete sowie den Kalkputz darüber durch Zementputz ersetzte. Dadurch konnte man den Austritt aufsteigender Nässe zunächst für einige Jahre verhindern, erreichte aber längerfristig nur eine Verlagerung des Problems. Die Feuchtigkeit stieg in den Mauern höher und trat weiter oben in der Fassade und vermehrt nach innen in der Vorhalle aus.

Nässe und Frost waren es auch, die dem Putz in den oberen Bereichen der Fassade und an den Türmen ständig zusetzten. Ende des 19. oder Anfang des 20. Jahrhunderts wurden deshalb die feinen Putze des 18. und 19. Jahrhunderts in den Rücklagen mit einer gröberen und widerstandsfähigeren Putzstruktur, dem sog. „Münchner Rauhputz" überzogen bzw. ersetzt. Für die Fassadenflächen bedeutet dies eine Verfälschung des Erscheinungsbildes bis heute. So ist die Verbesserung der Putzoberfläche im Sinn der Ästhetik des 18. Jahrhunderts ein wesentlicher Punkt für die anstehende Außenrenovierung. Ein zweiter ist die Rekonstruktion der Stufenanlage vor dem Hauptportal, auch dies eine für das stimmige Gesamtbild einer Barockkirche ideell und ästhetisch wichtige Frage.

Abb. S. 48:
St. Michael, Westbau vor 1900

Abb. S. 49:
St. Michael, Westbau 1913

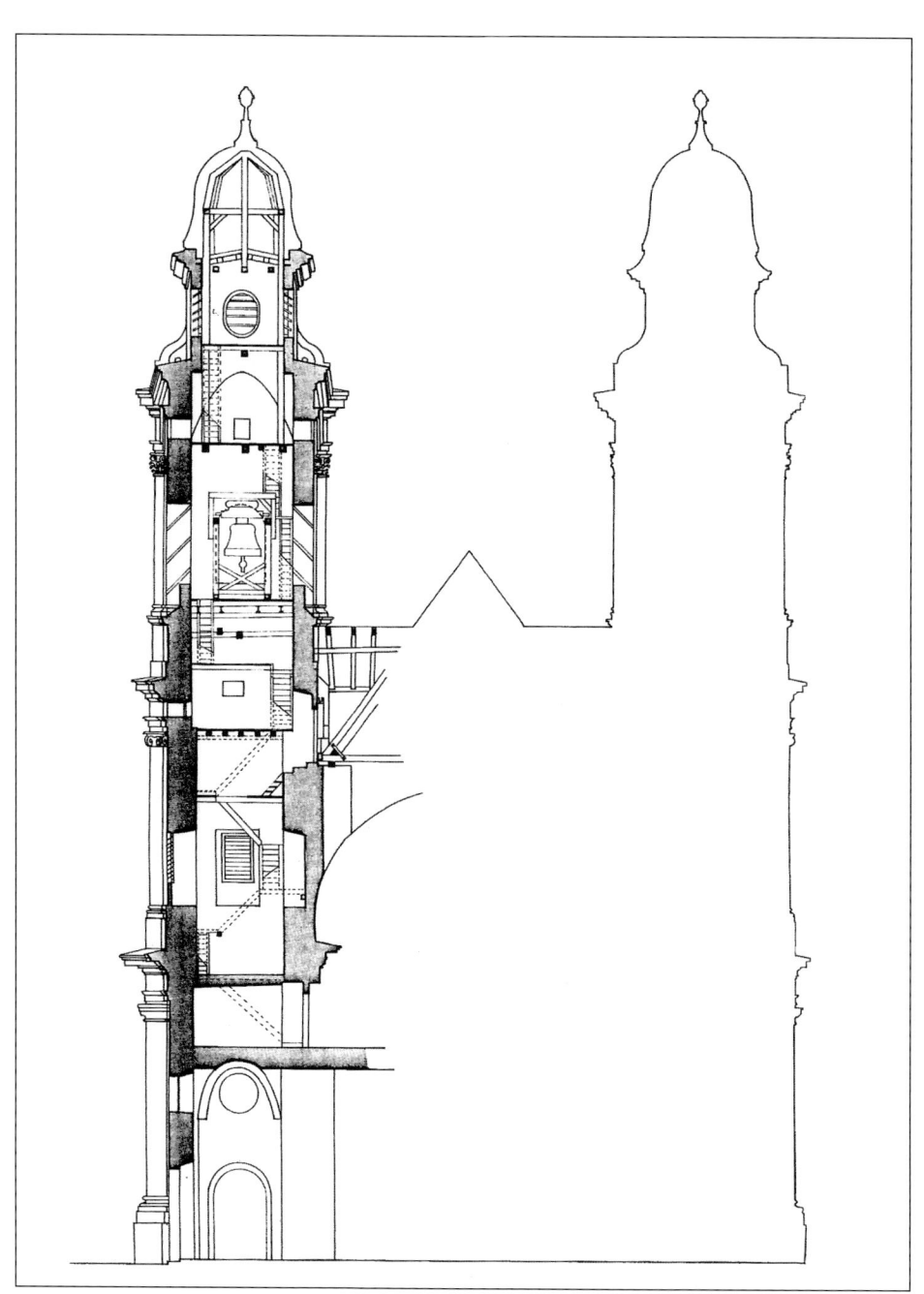

Abb. S. 50:
St. Michael,
Schnitt durch den Südturm
M1/250

50

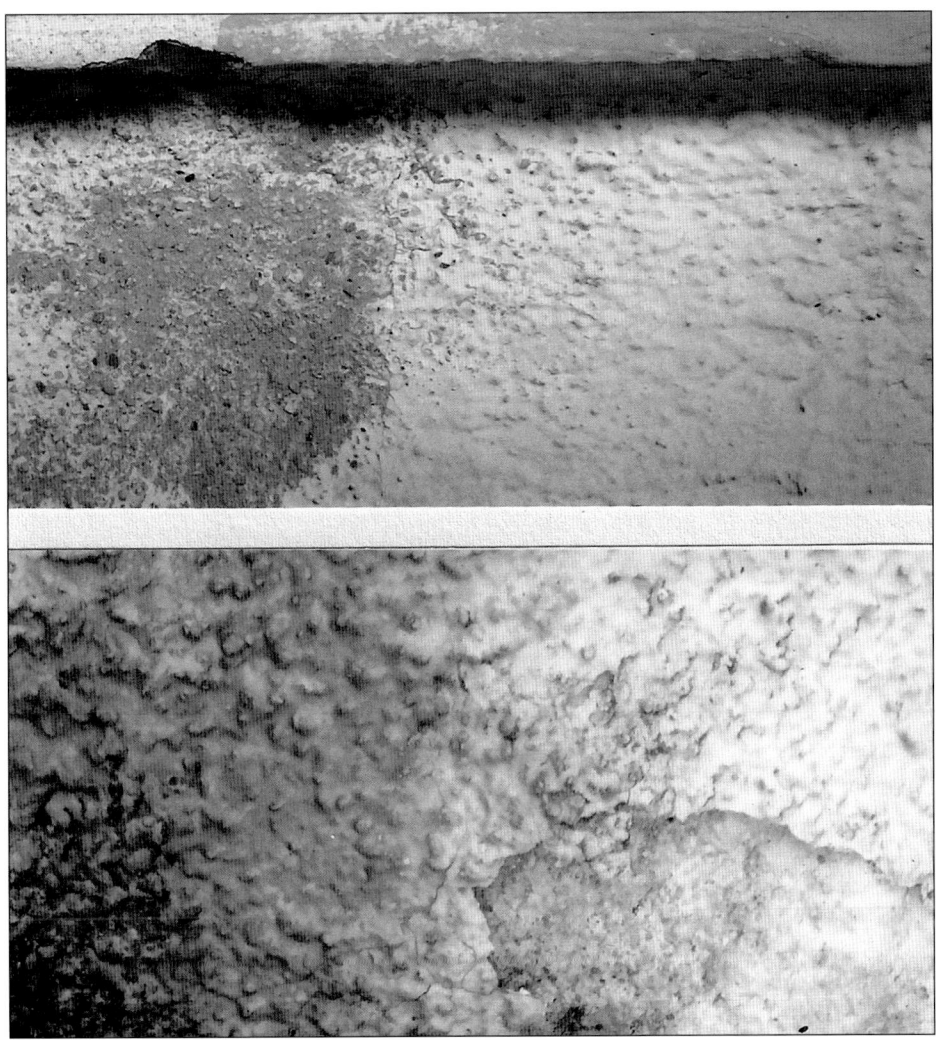

Die in den Jahren 2005 bis 2009 durchgeführte Innenrenovierung hatte sich zum Ziel gesetzt, dem originalen Erscheinungsbild des 18. Jahrhunderts nach besten Erkenntnissen und Möglichkeiten nahe zu kommen. Konsequent wäre es, dieses Ziel auch bei der die Gesamtmaßnahme abschließenden Restaurierung des Westwerks zu verfolgen.

Abb. S. 51:
Wetsbau;
Unterschiedliche Putzstrukturen: glatte und feinkörnige Putze (18. und 19. Jh.), oben
grobkörniger Rauputz (20. Jh.), unten

Die Nischen

„Es gibt eine gewisse Art von Öffnungen, die den Türen und Fenstern ähnlich sind, doch nicht durch die gesamte Dicke der Mauer gehen.

Diese geben gleichsam als ausgehöhlte Nischen einen würdigen und geeigneten Raum und Standort für Standbilder und Tafeln. Das aber und an welcher Stelle, wie oft und wie breit sie auszuführen sind, wollen wir dann genauer behandeln, wenn wir über den Schmuck der Gebäude sprechen werden, obwohl es sich nicht weniger auf die Kosten als auf die Schönheit des Baues bezieht, da ja bei der Ausführung der Mauer weniger Stein und Zement aufgebraucht wird."

Knapp und präzise gibt Leon Battista Alberti hier in seinem 1442-1452 geschriebenen Traktat „De re aedificatoria libri decem"[1] eine Definition der Nischen und ihrer Funktionen als Schmuck und als Materialeinsparung am Bauwerk. Neben den Säulenordnungen mit allen ihren einzelnen Elementen und den die ganze Wand durchdringenden Öffnungen sind die Nischen ein weiterer wichtiger Teil der Wandgliederung, speziell in der Renaissance- und Barockarchitektur. Dies gilt gleichermaßen für innen wie für außen.[2]

Gerade in der Architektursprache Johann Michael Fischers setzen Wandnischen zentrale Akzente. Fischer verwendet sie als bekrönende Motive seiner Kirchenfassaden und zur Betonung wichtiger Wandpartien im Innenraum. Auch zur Materialeinsparung setzt er sie gezielt ein, besonders an uneinsehbaren und unzugänglichen Stellen seiner Bauwerke.[3]

Im Kirchenraum von St. Michael finden sich heute 18 sichtbare und fünf nicht sichtbare Wandnischen. Sechs von den heute sichtbaren waren zwischenzeitlich zugemauert und wurden erst im Zug der letzten Innenrenovierung wieder freigelegt. Die wichtigsten derjenigen Nischen, die nach Alberti „einen würdigen und geeigneten Raum und Standort für Standbilder" bieten, sind die vier in den Gewölbezwickeln des Bruderschaftsraums. Sie rahmen die überlebensgroßen Stuckplastiken der Kirchenväter von Johann

[1] Leon Battista Alberti, Zehn Bücher über die Baukunst, ins Deutsche übertragen, eingeleitet und mit Anm. und Zeichn. versehen durch Max Theuer, Wien 1912, Nachdruck Darmstadt 1991, S. 60.
[2] Teilweise waren Nischen auch nur zur Wandgliederung gedacht, eine Aufstellung von Figuren war nicht vorgesehen, so z.B. in der Salzburger Kollegienkirche von J. B. Fischer von Erlach.
[3] So auch in Nebenräumen von St. Michael, z.B. in den Zwickeln zwischen Zentralraum und Westbau als auch in den Turmaufgängen.

Abb. S. 52:
St. Michael,
St. Augustinus, Stuckplastik von Joh. B. Zimmermann in einer Nische im Gewölbe des Bruderschaftsraums

Baptist Zimmermann. Mit ihrer malachitgrünen Hinterlegung der weißen Figuren dominieren sie die Übergangszone zwischen Wand und Gewölbe.

Im Gemeinderaum zeigt sich heute keine einzige Nische, jedoch verbergen sich vier von ihnen hinter den Diagonalaltären. Diese Altäre wurden erst 1747 so aufgestellt, wie wir sie heute kennen. Es waren aber von vornherein für diese Stellen Altäre geplant. Wie sie gestaltet werden sollten, war zunächst noch unbekannt. Fischer hat deshalb hier im Rohbau Nischen angeordnet, die auch dem Einbau plastischer Altaraufbauten mit größerer Tiefe Raum gegeben hätten. Straub nutzte dieses Angebot nicht, da seine Diagonalaltäre nur aus Gemälden mit geschnitzter Rahmung bestehen. In anderen Fischer-Kirchen, wie z.B. besonders reizvoll in Unering, hat der ausführende Künstler, hier der Stuckator Martin Hörmannstorfer, die vorgegebene Form mit wenigen Mitteln geschickt zu Altarretabeln ausgestaltet. Neben den vier versteckten Nischen hinter den Diagonalaltären gibt es in St. Michael noch eine fünfte dieser Art hinter dem Hochaltar, die sogar von einem Stuckrahmen eingefasst ist. Sie liegt hoch oben über dem Gebälk in der Ostwand und wird heute vom Auszug des Hochaltars verdeckt, war aber vor dessen Einbau 1767 gute 20 Jahre lang sichtbar. Die Vermutung liegt nahe, dass sie während dieser Zeit als Bekrönung einer provisorischen Altarinszenierung eine Figur oder ein Gemälde aufnahm und somit ein wichtiger Blickpunkt im Raum war.[4]

Anderer Art als die bisher beschriebenen sind die vier jetzt wieder freigelegten Nischen in den Querhäusern des Gemeinderaums. Sie sollten den Freiraum seitlich von den Querhausaltären weiten und vielleicht auch Durchgänge zu den Sakristeien und anderen Nebenräumen rahmen. Anfang des 20. Jahrhunderts wurden sie im oberen Teil zugemauert, im unteren Teil wurden später Kastenbeichtstühle eingefügt, zu deren Einbau wegen der räumlichen Enge die Sockel und Basen der benachbarten Säulen und Pilaster barbarisch abgeschlagen wurden. Die letzte Innenrenovierung hat diese Beichtstühle beseitigt und die Architektur Fischers wiederhergestellt. Freilegung und Rekonstruktion dieser wichtigen Partien kommen dem gesamten Raumeindruck zugute.

[4] Ein weiterer Teil dieses Altarprovisoriums könnte ein auf die Ostwand gemalter blauer Vorhang gewesen sein, dessen Überreste bei der Innenrestaurierung 1980 gefunden wurden.

Abb. S. 55:
St. Michael,
wieder freigelegte Nische im
nördlichen Querhaus

Abb. S. 56:
St. Michael,
Nischen in der Westwand der
Vorhalle, Schrägblick aus der
Mitte in das südl. Turmunterge-
schoss

56

Die relativ größte Dichte an Wandnischen finden wir in der Vorhalle, nämlich 12 Stück. Architektonisch bleibt die Vorhalle, die aus den beiden Turmuntergeschossen und der Spange dazwischen besteht, hinter dem An-

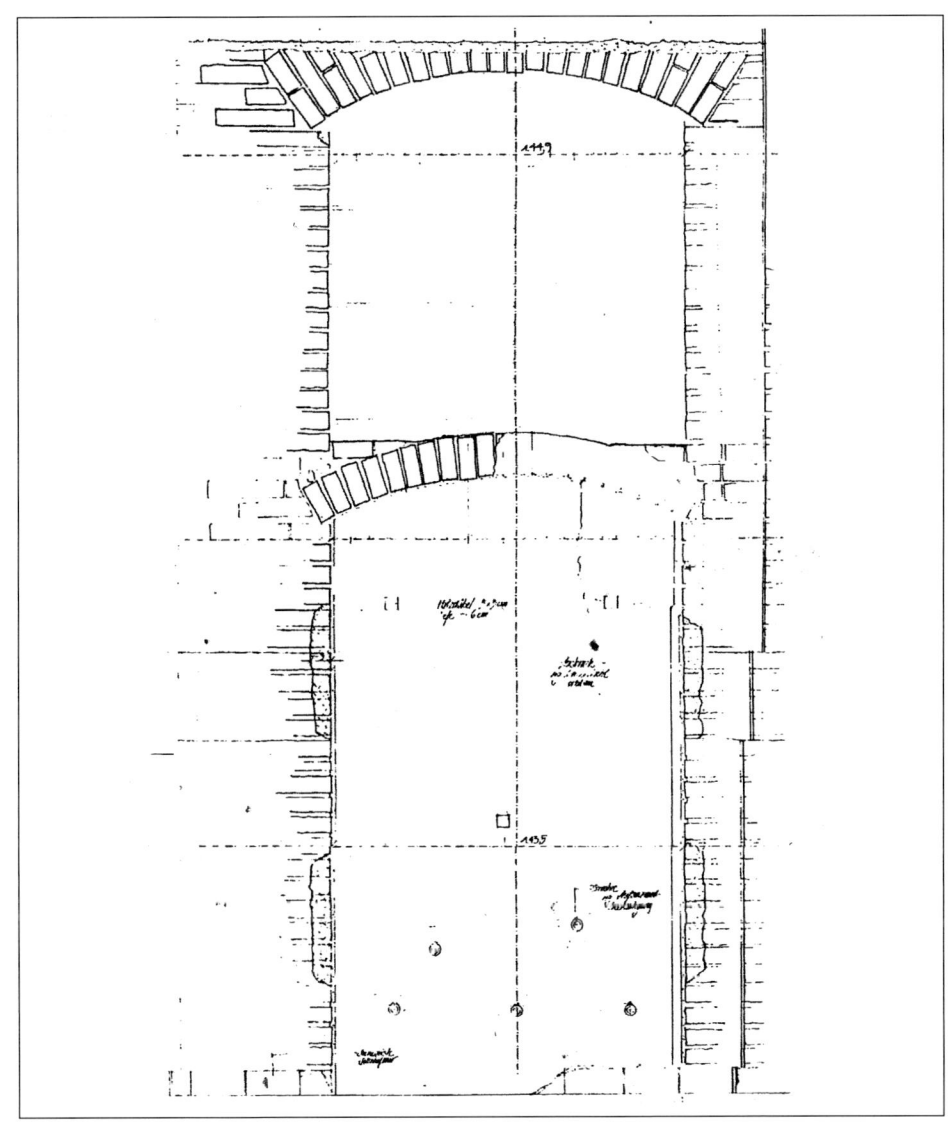

spruch des Kirchenraums zurück und verzichtet deshalb auf den „Apparat"
einer Säulenordnung. Umso wichtiger sind hier die Nischen als Elemente
der Wandgliederung und Fixpunkte figuraler Ausstattung. An den Übergän-

gen von den Turmuntergeschossen zur Mitte hin gibt es über Kopfhöhe vier rundbogige Figurennischen.[5]

Jeweils drei weitere bis zum Boden reichende Rundbogennischen akzentuieren die Wände der Turmuntergeschosse. Während die beiden an den Ostwänden reine Architekturformen sind, bildeten die anderen die Rahmung für die ursprünglich vier Nebenportale, von denen die beiden in den Westwänden bereits zur Bauzeit zugemauert wurden.[6]

Die für den Gesamteindruck des Kirchenraums bedeutendsten Nischen in der Vorhalle sind diejenigen in der Westwand beidseitig des Hauptportals. Auch sie wurden erst bei der letzten Innenrenovierung wieder geöffnet, nachdem sie im 20. Jahrhundert völlig zugemauert worden waren. Schon im 19. Jahrhundert waren sie im oberen Drittel zugesetzt und unten durch unglaublich enge Beichtstühle zugestellt. In ihrer freigelegten ursprünglichen Segmentbogenform sollen sie nun die hervorragenden Plastiken der Heiligen Rochus und Sebastian von Andreas Faistenberger aufnehmen[7] und so dem von Alberti formulierten Zweck als „Raum und Standort für Standbilder" gerecht werden. Sie werden für die Kirchenbesucher beim Verlassen der Kirche einen optischen Akzent setzen.

Die prominenteste Nische an St. Michael ist zweifellos diejenige im Obergeschoß der Westfassade. Sie ist deren sowohl formal als auch inhaltlich zentrales Motiv. Schon Projekt I von 1735 zeigt auf der, damals freilich noch ganz anders projektierten, Fassade eine Rundbogennische mit monumentaler Michaels-Statue. Zwischenzeitlich, wie in Projekt II von 1739/40 dokumentiert, sollte ein großes Fenster an die Stelle der Figurennische treten. Die Figurengruppe des Erzengels sollte, begleitet von zwei seitlich gelagerten Assistenzfiguren, den Giebel bekrönen. Bereits in Projekt III von 1741 kehrt jedoch das Motiv der Figurennische in die Mitte der Fassade zurück. Ähnlich wurde sie dann auch durch Johann Michael Fischer ausgeführt, allerdings höher, schlanker und flacher, eben so, wie wir sie heute kennen. In dieser Nische war seit 1745 eine hölzerne Michaelsplastik von J. B. Straub aufgestellt, die bereits 1793 so verwittert war, dass sie durch eine neue von F. Muxel ersetzt werden musste.

[5] Für diese Nischen gab es offensichtlich nie eigens angefertigte Figuren. Alte Fotos zeigen, dass in den zwei östlichen von ihnen unter größtem Platzmangel die Faistenberger-Figuren aufgestellt waren, später dann zwei kleine weiß gefasste Holzfiguren. Diese und eine weitere farbig gefasste in der nord-westl. Nische sollen wieder aufgestellt werden.

[6] s. dazu auch die Studie „Der Westbau".

[7] Die Faistenberger-Figuren gehören nicht zur Originalausstattung von Berg am Laim. Sie stammen aus der Herzog-Spital-Kirche und kamen erst 1881 nach St. Michael. Vor der Innenrenovierung waren sie sehr unglücklich aufgestellt, nämlich in großer Höhe auf klobigen Konsolen an den Ostwänden der Turmuntergeschosse.

Seit 1910 steht in dieser Nische eine Bronzestatue des Erzengels, gestaltet von Prof. Fr. Widmann, dargestellt als „Drachentöter". Dass diese Skulptur ihren vorgegebenen Rahmen angemessen ausfüllt, kann nicht behauptet werden. Sie ist zu klein und klebt optisch am unteren Nischenrand. Bei genauer Betrachtung kann man feststellen, dass die Figurengruppe, obwohl sie zu klein ist, nur mit größter Mühe in der flachen Nische Platz findet. Der liegende Teufel muss eine anatomisch völlig unmögliche Verrenkung vollführen und seinen Pferdefuß senkrecht in die Luft strecken. Diese absurde Haltung wird durch die weit ausgebreiteten Fledermausflügel vor dem von unten aufblickenden Betrachter gekonnt kaschiert.

Wenn nun schon die heutige, erheblich zu kleine Figur nur als kulissenhaftes Arrangement in der vorgegebenen Tiefe unterzubringen war, dann stellt sich die Frage: Wie hat Johann Baptist Straub 1745 diese heikle Gestaltungsaufgabe bei einer entsprechend angemessenen größeren Plastik bewältigt? Schon im eingangs zitierten Text von Alberti findet sich eine mögliche Antwort: Es handelt sich vielleicht nicht um ein „Standbild", sondern um eine „Tafel", nämlich in diesem Fall um eine szenische Darstellung in Form eines Reliefs[8]. Wenn man diese Spur weiter verfolgt, ergibt sich Erstaunliches. Zunächst verdichtet die Betrachtung der baulichen Situation die getroffene Annahme. Zum Einen stand die Fassade zum Zeitpunkt der Aufstellung von Straubs Michaels-Gruppe noch unverputzt im Rohbau da. Eine Einzelfigur hätte sich vor dem unruhigen Ziegelmauerwerk verloren. Ein Relief dagegen grenzt sein eigenes Bildfeld ab und kann für seine Hauptfiguren einen eigenen Hintergrund schaffen. Genau diesen Aspekt des eigenen fest konturierten Bildfeldes unterstützt die besondere Ausformung der Nische: Unter allen gezeichneten und gebauten Figurennischen Fischers ist diejenige an der Fassade von St. Michael die einzige, die von einer eigens angesetzten gemuldeten Laibung eingerahmt wird. Dies ergibt für eine frei in die Mitte der Nische gestellte Plastik wenig Sinn, umso mehr aber für eine bis zur Innenkante dieser Laibung reichende Relieftafel.

Zum Anderen hat sich in St. Michael ein Relief erhalten[9], bei dem einiges darauf hindeutet, dass es sich dabei um einen Bozetto für die ursprüngliche

[8] Die Bedeutung von Johann Baptist Straub lag, wie seine Biographen übereinstimmend feststellen, weniger in der Darstellung von Einzelplastiken als vielmehr in der Gestaltung von bildhauerischen Ensembles, gerade auch in Reliefform. Stellvertretend für diese Gattung in seinem Werk seien die vier Großreliefs für die Retabel der Seitenaltäre in Reisach genannt. Einen weiteren Hinweis auf eine Reliefdarstellung der Michaelsgruppe liefert das erhaltene Eichenholz-Relief (Wolken und Puttenköpfe) in der Supraporte des Hauptportals, vermutlich ebenfalls 1745 von J. B. Straub angefertigt.

[9] Bis zur Renovierung in einer Nische der Südwand der sog. Emmauskapelle angebracht.

Michaelsgruppe handeln könnte. Einen ersten Hinweis darauf gibt das verwendete Material. Es besteht nur aus vier groben verleimten Brettschichten, die nicht einmal an der bearbeiteten Oberfläche astfrei sind. Kein Bildhauer des 18. Jh. hätte daraus das „Endprodukt" einer Skulptur angefertigt.

Ein weiteres Argument für die These, dass beim Michaels-Relief aus der Emmauskapelle ein Bozetto für die Fassade vorliegt, liefern die Maße und Proportionen: Fügt man das Relief maßstabsgerecht in eine Fotografie der Fassadennische ein, so passt es, unter Beibehaltung der wohl aus der Bauzeit stammenden Sockelhöhe, wie angegossen, und auch die Gesamtkomposition korrespondiert auf das Harmonischste mit der Architektur.

Der vermutete Bozetto ist eine dreidimensionale Umsetzung des Hoch-altargemäldes, das Johann Andreas Wolff 1694 für die erste Michaelskapel-le der Josephsburg gemalt hatte. Mit dem dort dargestellten „Michaels-Sie-ger-Typus"[10] haben sich sowohl Joseph Clemens als auch später Clemens August identifiziert und gerade dieses Bild zur „Ikone" ihrer Bruderschaft er-hoben.[11] Es ist also gut vorstellbar, dass diese „Ikone" auch in monumentaler Form und, durch glänzende Gold- und Silberpartien von entsprechender Fernwirkung die Eingangsfassade der neuen Kirche beherrschen sollte.

Nach diesen Überlegungen zur prominentesten Nische von St. Michael ver-dienen noch acht relativ kleine Nischen an abgelegensten Stellen Erwähnung.

[10] Stalla, S. 134;
Stalla befasst sich auf den Seiten 127 bis 146 intensiv mit Wolffs Al-targemälde, seiner Ikonographie und politischen Bedeutung.
[11] z. B. auch abgebildet auf den Andachtszetteln der Bruder-schaft, Stalla, S. 132.

Abb. S. 61:
St. Michael,
Fassadennische mit ursprüng-lichem Michaels-Relief von J. B. Straub, Rekonstruktionsversuch

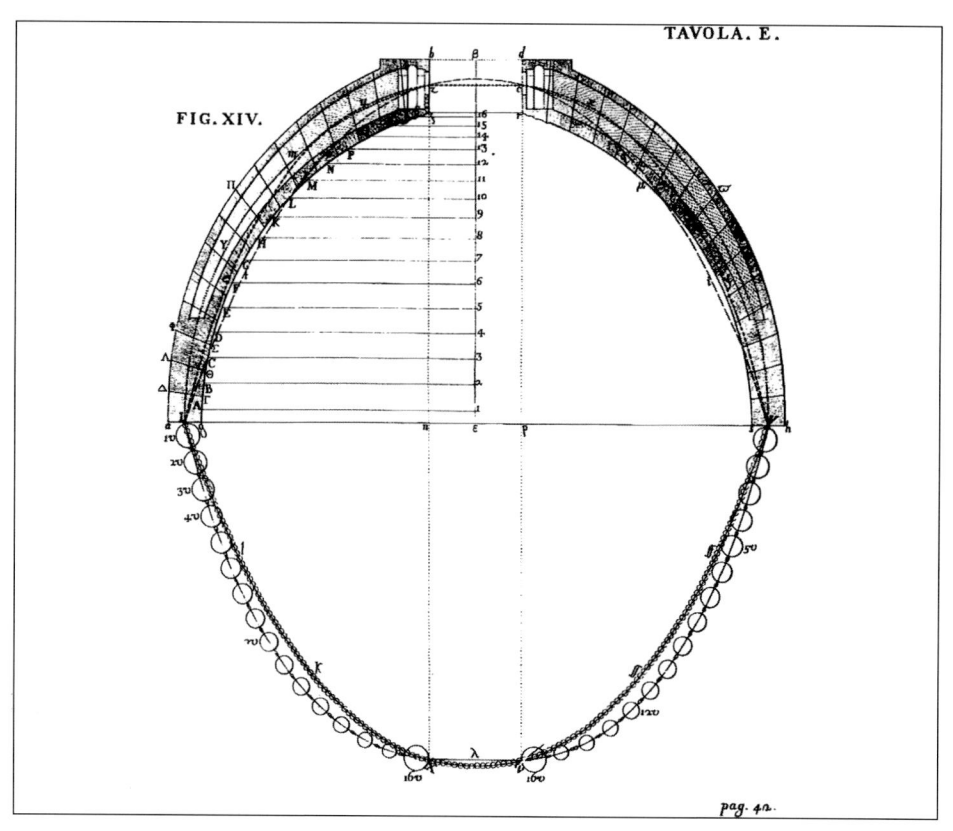

[12] Giovanni Poleni, Memorie istoriche della Gran Cupola del tempio Vaticano, Padova, 1748.

Abb. S. 62:
Giovanni Poleni, statische Untersuchung der Peterskuppel mit Antragung der parabolischen Seilkurve

Sie finden sich ganz oben in den beiden Türmen und sind ihrer Funktion nach Entlastungsbögen für die eingezogenen Turmhauben. Völlig abweichend vom barocken Formenkanon sind sie nicht aus den Grundformen von Gerade und Kreisbogen entwickelt, sondern parabolisch. Die Parabel (mathematisch als $y = x^2$ definiert) beschreibt naturgesetzliche Phänomene, wie die Flugbahn eines Geschosses (Wurfparabel) oder die Form eines durchhängenden Seils (Seilkurve). Zu Fischers Zeit begann man, die Gesetze der Statik wissenschaftlich zu erforschen und entdeckte, dass die Parabel auch die günstigste Form der Lastableitung für Bögen und Gewölbe darstellt. In seiner 1748 veröffentlichten Untersuchung über die Peterskuppel in Rom dokumentierte Giovanni Poleni mit mehreren Abbildungen diese Erkenntnis[12]. Wenn Johann Michael Fischer

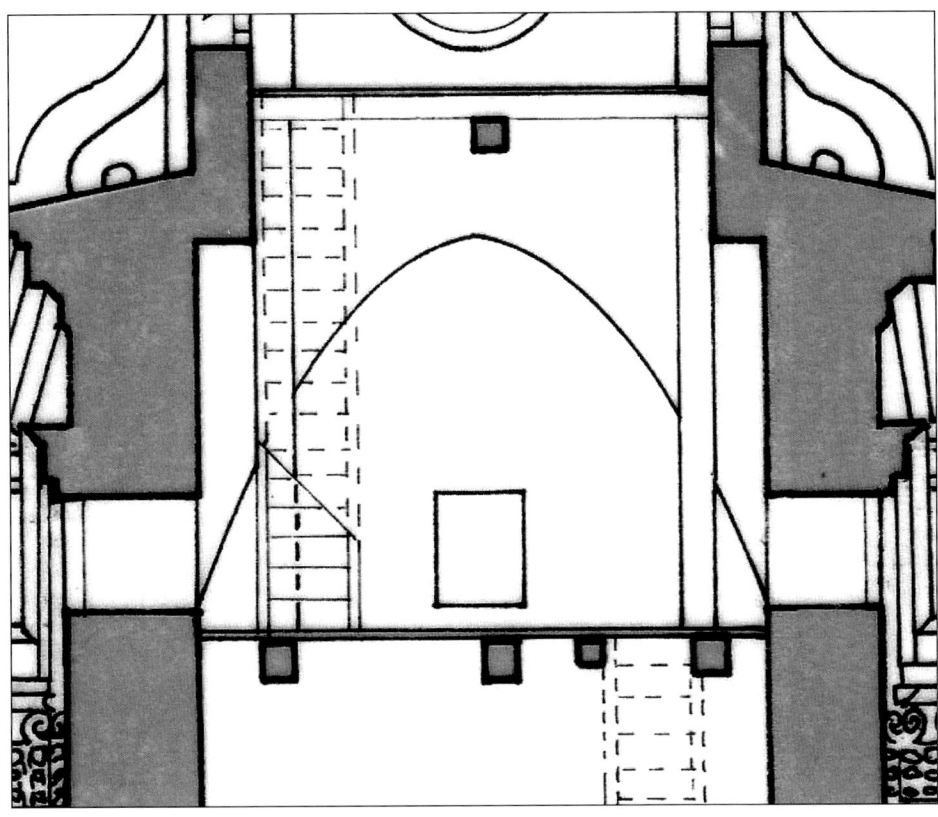

bereits sechs Jahre zuvor diese ästhetisch damals nicht akzeptable Form an verborgenen Stellen einbaute, können wir daraus zweierlei folgern.

Erstens: Fischer wusste, wie wohl nur die wenigsten zeitgenössischen Kollegen, schon sehr genau Bescheid über statische Kräfteverläufe.

Zweitens: Er wollte dies auch seiner Nachwelt mitteilen. Gerade schwer zugängliche Stellen, wie Türme und Dachstühle, sind traditionell bevorzugte Orte für derartige „geheime" Botschaften.[13]

So zeigt sich Fischer auch bei diesem „Nischenthema", einer recht bescheidenen Facette seines Schaffens, als großer Baukünstler, Baumeister und Konstrukteur.

[13] Auch im Dachstuhl von St. Anna im Lehel findet sich eine kleine parabolische Wandnische. Im Turmknauf der Kollegiatsstiftskirche in Neumarkt-St. Veit wurde bei Renovierungsarbeiten ein Zettel aus der Bauzeit mit dem Hinweis auf Johann Michael Fischer als Baumeister entdeckt.
(Norbert Lieb, Johann Michael Fischer, Regensburg 1982, S. 235.)

Abb. S. 63:
St. Michael,
Südturm, Parabolischer Bogen,
Bauaufnahme

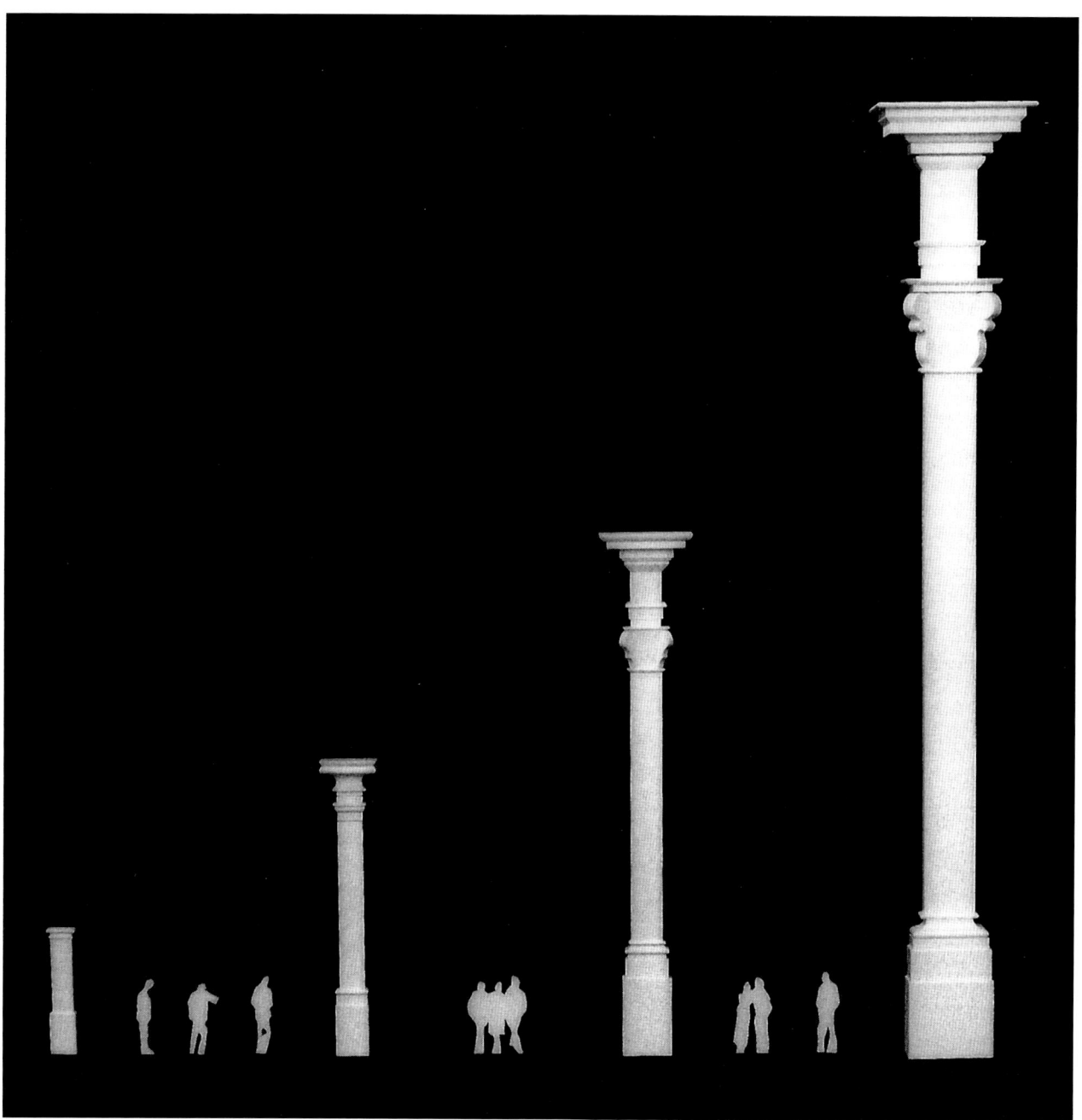

64

Der Maßstab

„Baukunst heißt mit rohen Stoffen Beziehungen herstellen, die uns an-rühren" schrieb Le Corbusier[1], und es besteht kein Zweifel, dass Johann Michael Fischer bereits 200 Jahre vor ihm diese Erkenntnis umzusetzen verstand. Dem aufgeschlossenen Besucher teilt sich in einer Fischer-Kirche wie St. Michael „ein Gefühl schöner Ruhe, durchsichtiger Klarheit, harmo-nischen Glücks"[2] mit. Mit welchen Mitteln hat Fischer dieses Gefühl zu er-wecken vermocht?

Farbigkeit und Lichtführung tragen entscheidend dazu bei, die mögli-cherweise wichtigste Komponente ist jedoch der anthropomorphe[3] Maß-stab. Dieser Maßstab in Architektur und Ausstattung soll Gegenstand der folgenden Studie sein. Die komplette Einrüstung des Innenraums für die Renovierung machte sonst unerreichbare Partien zugänglich und bot die willkommene Gelegenheit, im direkten Gegenüber und mit dem Meterstab in der Hand den Maßverhältnissen in St. Michael nachzugehen.

Seit der Renaissance und die ganze Epoche des Barock hindurch wa-ren Säulen und Pilaster die im doppelten Sinn „maßgebenden" Elemente zur Gestaltung anspruchsvoller Fassaden und Innenräume. Zahllose „Säu-lenbücher" versuchten aus den Texten des Vitruvius[4], Aufmaßen antiker Relikte und aus eigener Invention die jeweils „richtigen" Proportionen für die drei Bestandteile Sockel, Schaft und Kapitell abzuleiten[5]. Diese Traktate gehörten zum Rüstzeug jedes Barockarchitekten. Es ist uns nicht überlie-fert, welche dieser Vorlagen im Bücherschrank von Johann Michael Fischer standen, aber dass er unter eigener schöpferischer Abwandlung sich ihrer bediente, wissen wir mit Sicherheit.

Zunächst sei ein vergleichender Blick auf vier typische Fischer-Kirchen unterschiedlicher Größe geworfen, nämlich
- die Stallau-Kapelle, Fischers kleinsten Sakralbau[6],
- die Dorfkirche von Unering, den ersten seiner Zentralbauten[7],

[1] Le Corbusier, Ausblick auf eine Architektur (1922), Güters-loh, Berlin 1969.

[2] Max Hauttmann, Geschich-te der kirchlichen Baukunst in Bayern, Schwaben und Franken 1550-1780, München, Berlin, Leipzig 1921, S. 257.

[3] anthropomorph (griech.): menschlich gestaltet.

[4] Vitruvius Pollio, De Architec-tura libri decem.

[5] z.B. Leon Battista Alberti, De re aedificatoria libri decem, Ms; 1442-1452, Dt. Zehn Bücher über die Baukunst, Wien 1912; Sebastiano Serlio, Tutte l`opere d´architittura et prospettiva, Venedig 1619; Andrea Palladio, I quattro libri dell`architittura, Venedig 1570; Wendel Dietterlin, Architectura von Außtheilung, Symmetria und Proportion der Fünff Seulen, Nürnberg 1598; Abraham Leuthner von Grundt, Grundliche Darstellung der fünff Seüllen ..., Prag 1677.

[6] 1750-1751 errichtet, Anfang des 19. Jahrhunderts zerstört, Originalpläne erhal-ten (Bay. HStA, Plansammlung 3890 d, e).

[7] 1731-1732, Neubau, im 19. Jahrhundert Anbau des Turms.

Abb. S. 64:
Pilaster der Fischer-Kirchen in der Stallau, in Unering, Aufhau-sen und Ottobeuren, Darstellung in einheitlichem Maßstab im Ar-chitekturmodell (v. l. n. r)

- die Oratorianerkirche von Aufhausen, eines der typischen Arkaden-Oktogone[8],
- die Klosterkirche von Ottobeuren, Fischers größten Kirchenbau[9].

In der Gegenüberstellung von vier im Modell einheitlich im Maßstab 1:50 dargestellten Pilastern lassen sich grundlegende Feststellungen treffen. Als Erstes eine vermeintliche Banalität: Je kleiner der Raum und die ihn gliedernden Pilaster sind, desto sicherer kann der Mensch den Bezug zu den eigenen Körpermaßen herstellen. Leicht fallen dürfte dies in der Stallau-Kapelle, schon weniger leicht in Unering, schwieriger wird es in Aufhausen, fast unmöglich in Ottobeuren. Je höher der Pilaster als Ganzes dem Menschen „über den Kopf wächst", desto mehr gewinnt dessen unterster Teil, nämlich der Sockel, an maßstabsbildender Bedeutung. Fischer hat dieser Erkenntnis Rechnung getragen. Je höher seine Pilaster insgesamt werden, desto anteilsmäßig geringer davon hält er deren Sockel. So misst der Sockel in der Stallau-Kapelle rund 1/3, in Unering rund 1/5, in Aufhausen rund 1/6, in Ottobeuren nur rund 1/8 der gesamten Pilasterhöhe. Weil in Aufhausen und Ottobeuren die Sockel trotzdem noch den Menschen überragen, stuft Fischer sie ab und stellt mit diesen horizontalen Unterteilungen den anthropomorphen Bezug her. Dies zeigt, dass ihm daran gelegen war, auch in Kirchenräumen von großen und größten Ausmaßen jede einschüchternde Wirkung zu vermeiden. Gegenbeispiele sind die Salzburger und Wiener Kirchen des Johann Bernhard Fischer von Erlach. Hier ist alles auf Monumentalität angelegt, gewaltige Sockelhöhen[10] machen den Besucher bewusst klein und gestatten ihm nur aus der „Froschperspektive" den Aufblick in den Raum.

Zurück zu St. Michael: Der Bau bildet mit Aufhausen und Ingolstadt die Dreiergruppe von Fischers bedeutenden Zentralraumanlagen aus den 1730er Jahren. Kernstück der ansonsten unterschiedlich variierten Raumfolgen ist jeweils das Arkadenoktogon des Gemeinderaums, dessen Abmessungen in allen drei Fällen fast identisch sind[11]. St. Michael gehört also zum im Vergleichsmodell dargestellten „Typus Aufhausen". Wie dort, ist der

[8] 1735-1739, Neubau.
[9] 1747-1756, Neubau auf Fundamenten eines Vorgängerprojekts von Simpert Kramer.
[10] Sockelhöhe in der Karlskirche Wien: 3,80 m.
[11] Innenmaße der Zentralräume in der Orthogonalen ca. 17 m.

Abb. S. 67:
St. Michael, Pilastersockel mit
Abstufungen aus Augenhöhe

Sockel zweimal abgestuft, nämlich auf einer Höhe von 1,33 bzw. 1,77 m, also anthropomorph proportioniert.

Die Maßstäblichkeit einer Barockkirche bestimmt sich nicht allein durch die Architektur, sondern ebenso durch die Ausstattung, und dort besonders durch die in Plastik und Malerei als Engel oder Heilige abgebildeten Menschengestalten. In Berg am Laim ist der zentrale Blickpunkt der Erzengel Michael im Hochaltargemälde. Er misst 1,80 m, entspricht also einem für die Verhältnisse des 17. und 18. Jahrhunderts groß gewachsenen Menschen. Das bereits aus dem Vorgängerbau in die Fischer-Kirche übertragene Hochaltargemälde[12] prägte offensichtlich auch den Maßstab für die weitere figürliche Ausstattung. Sowohl Johann Baptist Zimmermann als auch Johann Baptist Straub haben ihn übernommen.

Straubs Figuren vom Apostelzyklus im Gemeinderaum bis hin zum Gottvater im Auszug des Hochaltars sind in Lebensgröße dargestellt. Die Größe variiert von 1,65 m bis 1,80 m[13]. In ihrer Bewegtheit und der Natürlichkeit des Inkarnats erscheinen sie uns sehr menschlich, was auch durch das Fehlen der sonst üblichen Heiligenscheine noch unterstrichen wird. Andererseits hebt sie ihr goldenes Gewand aus der irdischen Sphäre heraus. Eine überirdische Stellung wird auch durch ihre Positionen auf den Altären unterstrichen. Die Apostel der Seitenaltäre und die Erzengel am Hochaltar stehen neben den Säulen der Altaraufbauten. Da diese Säulen kleiner sind als die Pilaster der Wandgliederung und die Figuren zudem nicht neben den Sockeln, sondern über diesen in Höhe der Schäfte stehen, werden sie in einen anderen maßlichen Bezug gesetzt als der Betrachter im Kirchenschiff. Sie erscheinen dadurch überhöht. Straubs lebensgroße Figuren umstellen, wie auch die Pilaster der Wandgliederung, die gesamte Raumfolge und ermöglichen so zusammen mit diesen bereits dem am Eingangsgitter stehenden Betrachter, den ganzen „Bildraum" in seiner Tiefenstaffelung einschätzen zu können.

Einen „Ausreißer" im Hinblick auf den Maßstab bildet die Kanzel. Ihr figuraler Schmuck ist bei weitem nicht lebensgroß. Es wäre falsch, dies darauf zurückzuführen, dass hier ein anderer Bildhauer tätig war[14]. Das Phäno-

[12] siehe dazu ausführlich: Stalla, S. 153-164.
[13] Größte Figuren sind der Salvator mundi und die Hl. Maria an den Seitenwänden des Bruderschaftsraums mit 1,90 m.
[14] Die Kanzel wurde nach dem Vorbild derjenigen aus der Damenstiftskirche, 1744, ausgeführt vom Kistler Benedikt Haßler

Abb. S. 69:
St. Michael,
Hochaltar während der Innenre-
novierung, Restauratorin auf der
Altarmensa mit Putto und Erzen-
gel Raphael

men relativ kleinmaßstäblicher Figuren an einer Kanzel kann nämlich auch anderen Ortes beobachtet werden. Der Grund dafür scheint, neben der beschränkten Fläche am Korpus, auch folgender zu sein: Bei der Predigt soll der Prediger im Mittelpunkt stehen. Wenn er von gleich großen Figuren umgeben ist, geht er optisch unter. Deshalb finden sich an den Korpus und Schalldeckeln barocker Kanzeln, auch an besonders großen Exemplaren[15], durch die Bank kleinmaßstäbliche Figuren, oder aber nur Putti.

Auch der Maler Johann Baptist Zimmermann übernimmt den anthropomorphen Maßstab sowohl in seinen Altargemälden als auch in den Deckenfresken. In diesen sind die Randfiguren wieder lebensgroß. In der perspektivischen Darstellung folgt der Maler wie alle Freskanten im 18. Jahrhundert dem Traktat „Perspectivae pictorum atque architectorum" des römischen Jesuitenpaters Andrea Pozzo[16]. Dieser schildert an Hand von zahlreichen Abbildungen, wie Deckengemälde anzulegen seien, damit der im Kirchenschiff stehende Betrachter den Eindruck gewinnt, über dem realen Bauwerk eröffneten sich weitere Räume. Pozzo konstruierte diese aus umlaufend gemalter Scheinarchitektur, die auf den gebauten Raum Bezug nimmt und durch sich verkürzende bzw. verjüngende Proportionen eine dreidimensionale Illusion hervorruft.[17] Bei Zimmermanns Berg am Laimer Fresken fehlt eine derartige Scheinarchitektur. Hier eröffnet sich im Gewölbe als Szene für die Figuren eine natürliche Landschaft mit locker einkomponierten einzelnen Architektur-Versatzstücken, das Ganze überspannt von einem licht bewölkten blauen Himmel. Die gewünschte perspektivische Wirkung erzielt Zimmermann mit Hilfe fluchtender Linien und der systematischen Verkleinerung des Dargestellten vom Rand zur Mitte hin. Sind die Randfiguren ca. 1,80 m groß, so misst der Hl. Michael in der Mitte aller drei Deckenfresken jeweils nur 1,35 m, das bedeutet eine Verkleinerung um ein Viertel.

Über Architektur, Plastik und Malerei hinaus gibt es eine weitere wichtige raumgestalterische Komponente, nämlich den Stuck. Dieser konzentriert sich hier auf die Zonen zwischen den Gewölbeansätzen und den Freskenrahmen, schafft also einen Übergang von der gebauten Architektur zu den Deckengemälden.

[15] wie z.B. an der Kanzel im Passauer Dom von Raphael Donner, 1726.
[16] Andrea Pozzo, Perspectivae pictorum atque architectorum, dt. Ausgabe, Augsburg, 1711.
[17] z. B. in San Ignazio, Rom, als monumentale Kuppel.

Abb. S. 70:
St. Michael,
Innenraum, Fotobearbeitung mit Heraushebung der lebensgroßen Hauptfiguren an Altären, Altar- und Deckengemälden

Wichtigste Stuckarbeiten sind die Figuren der vier Kirchenväter in den diagonalen Gewölbezwickeln über dem Bruderschaftsraum.[18] Im Gegensatz zu den schon erwähnten lebensgroßen Straub-Figuren, die uns als „Menschen" erscheinen, sind die vier Kirchenväter in eineinhalbfacher Lebensgröße als monumentale „Statuen" gegeben. Dieser Eindruck wird noch durch die weißen Marmor imitierende monochrome Fassung unterstrichen.

Der vergrößerte, eineinhalbfache Maßstab der Kirchenväter gilt in gleicher Weise auch für alle anderen gegenständlichen Stuckdarstellungen, nämlich Engelsköpfe, Früchte, Blumen und Blattranken. Sie sind mit Vorliebe an den Übergängen zu den Fresken angebracht und ragen zum Teil in diese hinein. Während die über die Gewölbeflächen verteilten Rocailleornamente sich zwar von pflanzlichen Formen herleiten, aber letzten Endes abstrakte Gebilde sind, die wir größenmäßig nicht einschätzen können, kennen wir Kinder, Früchte, Blumen und Blattranken aus dem täglichen Leben, und ihre wahre Größe ist in unserem Bewusstsein gespeichert. Wenn nun Puttenköpfe, Rosen, Trauben, Quitten oder Lorbeerblätter vergrößert am Freskenrand auftauchen, so setzen wir sie unwillkürlich in Beziehung zu den benachbarten lebensgroß gemalten Figuren, die daneben relativ klein und somit weiter entfernt erscheinen. Mit dem Sprung von der eineinhalbfachen Größe des Stucks zur wahren Lebensgröße der Malerei steigert Zimmermann also auf raffinierte Weise die tiefenräumliche Wirkung seiner Fresken.

Für Architektur, figürliche Ausstattung, Stuck und Fresken erweist sich in St. Michael der anthropomorphe Maßstab als einheitliche Grundlage der Gesamtkomposition. Bereits 1921 hatte Max Hauttmann festgestellt: „Mühelos und als Selbstverständlichkeit konzentriert sich in den Kirchen Johann Michael Fischers alles um den Menschen."[19]

Quod erat demonstrandum.

[18] s. Abb. S. 52
[19] Hauttmann, 1921, S. 256.

Abb. S. 73:
St. Michael,
Fresko im Zentralraum, Ausschnitt mit stuckierten Blattranken, Blumen und Früchten in eineinhalbfacher Lebensgröße

Daten zur Baugeschichte

um 1690	Bau der Josephsburg Bauherr: Joseph Clemens, Churfürst und Erzbischof v. Köln
1693	Gründung der Michaelsbruderschaft
1735	Projekt I für St. Michael, im Kupferstich dargestellt von Simon Thaddäus Sondermayr
1738	Vertrag mit Philipp Jakob Köglsperger über den Neubau von St. Michael Grundsteinlegung Baubeginn am Westbau Bauherr: Clemens August, Churfürst und Erzbischof v. Köln
1739	Johann Michael Fischer übernimmt den begonnenen Kirchenbau Die Mauern des Westbaus sind ca. 7 m hoch aufgeführt
1739/40	Projekt II, Westfassade dargestellt im Kupferstich von Franz Sebastian Schaur
1741	Projekt III, Westfassade dargestellt im Kupferstich von Franz Xaver Jungwirth
1742	Fertigstellung des Rohbaus mit Ausnahme der Türme
1743	Beginn der Ausstattungsarbeiten durch Johann Baptist Zimmermann und Johann Baptist Straub Plastische Michaelsgruppe aus Holz für die Fassade durch J. B. Straub
1744	Fertigstellung der Stuckarbeiten und Deckengemälde Benedizierung der Kirche
1749/50	Fertigstellung der Türme im Rohbau
1751	Weihe der Kirche
1758	Außenputz für Kirche und Türme
1767	Ausstattung mit Einbau des Hochaltars abgeschlossen
um 1770	Abbruch der Festungsanlagen der Josephsburg

Daten zur Renovierungsgeschichte

1793	Ersatz der verrotteten Michaelsgruppe von J. B. Straub in der Westfassade durch eine neue Holzskulptur von Johann Muxel
1821	Umfangreiche Reparaturarbeiten am Dachstuhl und den Gesimsen
1826/27	Umfangreiche Reparaturarbeiten an den Türmen, teilweise Erneuerung der Gesimse und Architekturgliederung am Westbau, neue Turmeindeckung mit Schindeln
1832	Umfangreiche Außenputzarbeiten, evtl. Neuverputzung der Westfassade
1838/39	größere Flächen der ursprünglichen Schindeldeckung mit Ziegeln gedeckt
vor 1893	Entfernung der verrotteten Michaelsfigur von J. Muxel aus der Westfassade
1910	neue Michaelsfigur in Kupfer in der Westfassade nach Entwurf von Prof. Fr. Widmann, Ausführung Fa. Ragaller
1935/36	Innenrenovierung
1945	Schwere Schäden durch Bomben und Granatsplitter im Altarraum und in der Emmauskapelle Unmittelbar nach Kriegsende Beginn der Wiederherstellungsarbeiten
1946	Innenrenovierung
1957	Außenrenovierung
1977	Außenrenovierung
1980	Innenrenovierung
2002 - 2012	Umfassende Sanierungs- und Renovierungsarbeiten innen und außen in fünf Bauabschnitten; voraussichtlich 2012 Abschluß der Arbeiten mit der Fertigstellung des Westbaus

Abbildungsnachweis

Archiv des Erzbistums München und Freising: S. 33, S. 34, S. 35, S. 48, S. 49

Landesamt für Vermessung und Geoinformation Bayern: S. 18

J. Furttenbach, 1640: S. 10

G. Poleni, 1748: S. 62

O. Wagner, 1904: S. 27, S. 28

M. Wening, 1701: S. 11, S. 20

F. Peter: sämtliche anderen Abbildungen

Literatur zum Thema (Auswahl)

Diözesanmuseum für christliche Kunst des Erzbistums München und Freising, Quis ut deus, 300 Jahre Erzbruderschaft St. Michael Berg am Laim, München, München, 1994

Dischinger Gabriele/Peter Franz, Johann Michael Fischer, 1692-1766, Bd. I, Tübingen, 1995

Feulner Adolf, Bayerische Baukunst im 18. Jahrhundert, in: Baukunst, Heft 1, 1925, S. 220-224

Hagen-Dempf Felicitas, Der Zentralbaugedanke bei Johann Michael Fischer, München, 1954

Hauttmann Max, Geschichte der kirchlichen Baukunst in Bayern, Schwaben und Franken, 1550-1780, München - Berlin - Leipzig, 1921

Hildebrandt Maria, Nadler Stefan, Kath. Pfarrkirche St. Michael in Berg am Laim, Dokumentation zur Bau-, Ausstattungs- und Renovierungsgeschichte, München, 2002

Knauer-Nothaft Christl/Kasberger Erich, Berg am Laim, Von den Siedlungsanfängen zum modernen Stadtteil Münchens, München, 2007

Levinger Martina, Aufhausen, Ingolstadt und Berg am Laim: Drei Raumschöpfungen des Johann Michael Fischer im Vergleich, Magisterarbeit München, 1998

Lieb Norbert, Johann Michael Fischer, Baumeister und Raumschöpfer im späten Barock Süddeutschlands, Regensburg, 1982

Museum Altomünster (Hg.), Johann Michael Fischer, 1692-1766, Architekt des Spätbarock, Altomünster, 1999

Norberg-Schulz Christian, Architektur des Spätbarock und Rokoko, Stuttgart-Mailand, 1975

Peter Franz/Wimmer Franz, Johann Michael Fischer, Salzburg, 2002

Schütz Bernhard, Die kirchliche Barockarchitektur in Bayern und Oberschwaben 1580-1780, München, 2000

Schütz Bernhard, Rott am Inn und die Zentralbauten Johann Michael Fischers, in: Willy Birkmaier (Hg.), Rott am Inn, Weißenhorn, 1983, S. 86-104

Stalla Robert, Die Kurkölnische Bruderschafts-, Ritterordens- und Hofkirche St. Michael in Berg am Laim, Weißenhorn, 1989

Steiner, Peter B., St. Michael in Berg am Laim, Schnell, Kunstführer 1408, 3. Aufl., Regensburg, 2003

Walter, Uli, St. Michael in Berg am Laim, in: Hildmann Andreas, Jocher Norbert, Die Münchner Kirchen, Regensburg 2008, S. 241-251